나의 힘이신 여호와여
내가 주를 사랑하나이다

                                                          께

          이 글을 드립니다.

   이 책을 받으신 당신 삶이 늘 하나님을 기쁘시게 하는

       삶 되시기를 예수님의 이름으로 기도합니다.

내가 주를 사랑하나이다

초판 1쇄 발행 2017년 5월 25일

지은이 김한진
발행인 노성호

펴낸곳 (주)뿌브아르
출판등록 제 302-2008-00051호
주소 서울특별시 서초구 반포대로23길 49, 신영빌딩 201호
전화 02-774-2522
팩스 02-525-2547
기획·디자인 (주)사람사람

정가 1,0000원

ISBN 978-89-94569-32-1 03200
이 도서의 국립중앙도서관 출판예정도서목록(CIP)은 서지정보유통지원시스템 홈페이지(http://seoji.nl.go.kr)와 국가자료공동목록시스템(http://www.nl.go.kr/kolisnet)에서 이용하실 수 있습니다.(CIP제어번호: CIP2017010602)

내가 주를 사랑하나이다

김한진 지음

뿌브아르

목차

저자 서문

01/ 나의 힘이신 여호와여 내가 주를 사랑하나이다 … 9

02/ 딱 한 가지만 제안합니다! 딱 5분만 모두 내려놓으시겠습니까? … 17

03/ 저는 원래 오지랖이 넓은 놈이 아닙니다 … 23

04/ 조금만 더 있다가 교회에 갈게요 … 31

05/ 한 살이라도 젊었을 때 예수님을 꼭 만나야 하는 이유가 있습니다 … 35

06/ 제 삶의 목표는 예수님처럼 거룩하게 변하는 게 아닙니다 … 41

07/ 죽는 놈이 뭐 그리 할 말이 많냐? … 46

08/ 저는 원래 시간과 돈을 교회에 투자하는 것이 아까웠습니다 … 51

09/ 저는 너무 '빤한 말씀'에 마음의 큰 변화를 입었습니다. … 55

10/ 2차 수술 중에 받은 진짜 은혜 … 64

11/ 일단 교회라도 가야 뭐라도 하나 건지지 않을까요? … 69

12/ 종교를 하나쯤 갖는 것도 나쁘지는 않겠네요 … 74

13/ '저는 기독교가 정말 싫어요!'라고 말씀하는 분들께 … 78

14/ 저는 대단한 경지에 올라 예수님을 만나지 않았습니다 … 83

15/ 살살 믿어라. 세게 믿다 다칠라… 저는 광신도가 아닙니다 … 87

16/ 주일학교를 섬기니 오히려 아이들에게서 예수님을 배웁니다 … 92

17/ 구약의 하나님은 으스스했고, 신약의 예수님은 아리송했습니다 … 98

18/ 저는 주님을 과학적으로 발견하지 않았습니다   102

19/ 교회는 복을 비는 성도의 사당(祠堂)이 아닙니다   109

20/ 예배는 제가 주님께로부터 최고의 것을 채우고 돌아오는 시간입니다   115

21/ 당신들 참 힘들기도 하겠소. 형체도 없는 분을 믿느라…   118

22/ 그건 정통 기독교 교리 맞나요?   123

23/ 저의 하나님은 '별에서 온 그대'가 아닙니다   128

24/ 여보시오? 근데 안 믿어지는데 날더러 어쩌란 말이요?   132

25/ 그들은 젊은 나이에 잠시 미쳐서 객기를 부린 것일까요?   136

26/ 예수 믿고 복 받으실래요?   142

27/ 당신 뜻대로 마시옵고 내 뜻대로 하옵소서   149

28/ 저는 눈을 감으면 칭얼대고 눈을 뜨면 그것을 즐기느라 바쁩니다.   153

29/ 하나님이 계시다면 어찌 세상이 이 지경인가요?   156

30/ 저는 결혼 후 20년이 넘어서야 가정의 원리를 깨우쳤습니다   159

31/ 예수님과의 편안한 대화, 친밀한 동행. 사귐, 누림, 감사…   162

32/ 어디에 빨대를 꽂고 살 것인가?   166

33/ 인생, 해피엔딩이냐 새드엔딩이냐?   172

34/ 삶이 지치고 힘들 때, 그리고 외로울 때   180

35/ 부부, 정말 행복하게 사는 비법   186

저자 서문

  평신도가, 그것도 그저 한심하고 연약한 그리스도인이 예수님을 전하는 데는 용기가 조금 필요했습니다. 뭘 안다고, 얼마나 믿었다고, 누구를 설득하겠다고, 등등의 염려가 앞섰습니다. 더욱이 저는 무슨 극적인 인생 드라마가 있는 사람도 아닙니다. 하지만 사마리아 여인을 포함해 성경 속 '예수님이 만나주신 자들'은 모두 '그분을 만난 사실'을 그냥 이웃에게 떠들었다는 팩트에 힘을 얻었습니다. 2014년 조금 아프고 난 뒤 더욱더 저는, 은밀하게 믿는 것은, 겸손이 아니라 주님께 너무 죄스런 일임을 알았습니다.

  늦게 된 자의 심정은 크게 두 가지였습니다. 몸 둘 바 모를 감사와 통탄에 가까운 후회. 인생 느지막이 그분 초대를 받은 만큼 처음엔 뭐라도 해서 그 은혜에 보답하려 했습니다. 하지만 저는 그분께 진 빚을 갚을 수 있는 그런 존재가 애당초 아님을 알았습니다. 뿐만 아니라 저는 그분 없이는 하시라도 엇나가고 변덕을 부리는 덜 떨어진 존재임을 깨달았습니다. 그분을 위해 사는 데 '저의 무엇이' 필요한 게 아니라, 붙드시고 사용하시는 '그분의 그

무엇이' 전부임을 알면서, 저는 그저 있는 그 자리에서 내가 만난 예수님을 '사실 그대로' 떠벌이며 사는 게 최선이라 생각했습니다.

 이 책은 그렇게 쓰여진 저의 전도편지입니다. 주님의 전적인 도우심으로 썼다고는 믿지만 주님 영광은커녕 그분을 욕되게 할까 떨리는 마음 가득합니다. 저는 이 편지로 단 한 명의 영혼이라도 구원받게 해 달라고 주님께 떼를 씁니다. 아니 계속 조를 것입니다. 주님이 나서주지 않으시면, 이 책은 단지, '주님 은혜로 새롭게 태어났으나 여전히 연약한 어느 중년의 독백이자 썩어 태울 종이 쪼가리'에 불과하기 때문입니다. 부디 이 책을 읽으시는 모든 분께 주님의 긍휼과 빛이 임하시고 예수님을 영접하는 축복이 있으시기를 존귀하신 예수님의 이름으로 간절히 기도합니다.

2017년 4월, 너무 늦게 믿은 김한진

01 나의 힘이신 여호와여 내가 주를 사랑하나이다

    시작부터 개인사를 말씀드려 죄송합니다. 2014년 어느 여름날 오후, 저는 강연 도중 갑자기 쓰러졌습니다. 졸도 후 정신이 들어 보니 119 대원들이 와 계셨습니다. 그때 저는 과로로 잠시 기력을 잃은 것으로만 생각하고 주변 분들께 괜찮다며 '좀 쉬었다 집에 가겠다.'고 말했습니다. (만약 그때 그렇게 했다면 아마도 저는 지금 이 글을 쓰고 있지 못할 것으로 사료됩니다) 그날 저는 난생처음 구급차를 타 봤습니다. 병원으로 가는 도중 숨이 점점 가빠지고 토할 것 같고, 머리도 깨질 듯 아팠습니다. 병원에 도착할 즈음 제 의식은 거의 흐려졌습니다.

제 병명은 뜻밖에도 저도 처음 들어 보는 '지주막하출혈'이었습니다. 저는 평소 혈압도 정상이었고, 매년 검진에서도 아무 이상이 없었습니다. 아무튼 쓰러진 뒤 2시간 안에 병원에 갔지만 제 머리에는 피가 너무 많이 고여 있어 조금만 늦었더라면 생명이 위험했다고 합니다. 의사 말씀으로는 저 같은 뇌출혈은 보통 30%는 즉사, 30%는 병원 이송 중 죽거나 살아도 심한 장애를 겪는다고 합니다. 저처럼 입원한지 얼마 안 돼 멀쩡하게 걸어 나간 사례는 좀 드물다고 합니다. 알고 보니 장로이신 담당 의사선생님도 '하나님이 살려 주셨네요.'라고 최종 진단(?)해 주셨습니다. 마침 대낮에 시내에서 대중 앞에서 쓰러졌고, 병원에 빨리 간 게 다행이었습니다.

사람들은 저더러 "운이 참 좋았네요."라고 말하지만 저는 누구에게나 주저함 없이 "하나님이 살려 주셨다."라고 말씀 드립니다. 어떻게 잘 표현은 못하겠지만 시종 제가 받은 확고한 느낌(感)입니다. 예수님을 제대로 뵌 지 3년이 다 되어 갈 즈음 하나님은 제

영에 이어 이번엔 목숨을 건져 주셨습니다. 하나님은 세상일로 분주하고, 메마르고 은혜의 리듬이 약해진 제 삶에 그렇게 또 선물을 주셨습니다.

그때 저는 4시간이 넘는 수술 중에 (의식이 있는 채로 수술을 받았습니다) '만약 이대로 죽으면 어찌 되나?'라는 생각을 처음 해 봤습니다. 나이로 볼 때 좀 일찍 가는 게 아쉽다는 생각이 먼저 들었죠. "좀 더 재미있게, 열심히, 시간을 아껴 살 걸, 가족과 이웃에게 좀 잘해 줄 걸, 전도 좀 많이 할 걸… 뭐 그런 '껄껄껄'한 후회가 쭉 들다가 주님께 참 면목이 없다는 생각이 들었습니다. '세상에서 내가 주님을 위해 한 게 뭐가 있나?' 지금 주님을 뵈면 되게 많이 혼날 것 같다는 생각도 들었습니다.

저는 청년 시절을 다 허비하고 주님을 뵀기에 지금 죽으면 하나님과 함께한 시간이 너무 짧다는 게 못내 아쉬웠습니다. 사랑하는 가족과 당장 헤어진다는 사실도 슬펐습니다. 특히 아내한테 미안했고, 내가 간 다음 '여생을 잘 살지' 하는 괜한(?) 염려에 가슴이 먹먹해졌습니다. 아이들에게도 너무 미안했습니다. 무슨 정신적 유산을 준 것도 아니고 말씀으로 양육하고 기도로 섬긴 아빠도 아니었기 때문입니다. 교회 안 나가는 노모도 마음에 많이 걸렸습니다.

하지만 이런저런 생각에도 불구하고 죽음 자체는 이상하리만큼 전혀 두렵지 않았습니다. '어? 내가 왜 죽음을 두려워하지 않지?' 제 자신이 믿겨지지 않았습니다. 그것은 바로 천국에 대한 확실한 소망 때문이었습니다. 천국에서 주님과 영원히 함께 살 수 있다는 생각에 죽음의 공포는 전혀 없었습니다. 4시간이 넘는 수술 중에 저는 '주님 가르쳐 주신 기도'를 한 구절씩 꼭꼭 씹어 음미하며 반복해서 드렸습니다. 시간이 지날수록 그 기도와 묵상은 제 혈관을 타고 온몸에 고루 퍼졌고, 주님 사랑이 점점 뜨겁게 느껴져 저도 모르게 눈물이 흘러내렸습니다. 그리고 주님이 말씀하시는 것 같았습니다.

"내가 너를 사랑하노라. 너도 나를 사랑하느냐?"

"네 주님… 정말 사랑합니다. 근데 제가 너무 많이 죄송합니다. 제 삶을 용서해 주세요, 예수님 사랑합니다."

나의 힘이신 여호와여 내가 주를 사랑하나이다

(시편 18장 1절)

저는 주님이 그때 왜 저를 살려 주셨는지, 또 주변 분들의 간절한 기도에 응답해 주셨는지 그 뜻을 알 수 없습니다. 물론 저는 그때 제가 바로 죽었다고 해도 하나님이 똑같이 제게 사랑과 은혜의 완전한 부음을 확신합니다. 그렇게 바로 가는 것이 주님 보시기에 합당했고, 제게도 가장 유익이 되었을 것이기 때문입니다.

그 일로 저는 어려움 중에 함께 계신 평강의 주님을 보았습니다. 엄밀히 말하면 주님은 늘 저와 함께 계셨지만 고난이 닥치니 주님 얼굴이 제게 확실히 보인 것입니다. 저를 살려 주신 그분은 바로 몇 년 전 제 영혼을 구원해 주신 바로 그 예수님이셨습니다. 저는 그분께 영광을 드립니다. 또한 육신의 연약함을 통해 그분과 가까워질 수 있도록 도와주심에 감사합니다. 특히 죽음의 두려움을 천국 소망으로 이기게 해 주신, 부활하신 주님께 감사드립니다.

제가 이 세상 사람이 아니라면 저는 지금 이 글을 당신께 드릴 수 없었을 것입니다. 그래서 감사하고, 또 다행입니다. 하나님! 목숨이 붙어 있고, 손가락을 움직여서 이 글을 쓰게 해 주시니 고맙습니다. 누군가 이 글을 읽을 수 있게 해 주셔서 정말 감사합니다.

누구나 한 번은 이 세상을 꼭 떠납니다. 그 전에 반드시 해야 할 일이 또 꼭 하나 있습니다. 그것은 나를 이곳에 보내신 창조주를 정확하게 아는 일입니다. '예수의 피 흘림으로 내가 구원을 받았다'는 사실을 고백하는 바로 그 일 입니다. 그 다음 주님의 영광스러운 자녀로 세상을 당당하게 살아가는 것입니다. 저는 장차 천국을 소망하고 있지만 이 척박한 광야에서 제가 하나님 안에, 하나님이 제 안에 계심으로 천국은 이미 저의 것입니다.

주의 얼굴 뵙기 전 그렇게 멀리 보였던 하늘나라가 제 마음에 이루어지니 그 곳이 너무 가깝게 느껴집니다. 알고 보니 제 마음에 오신 예수님은 바로 천국 그 자체이셨습니다.

> 내 영혼이 은총 입어 중한 죄 짐 벗고 보니
> 슬픔 많은 이 세상도 천국으로 화하도다.
> 주에 얼굴 뵙기 전에
> 멀리 뵈던 하늘나라 내 맘 속에 이뤄지니
> 날로 날로 가깝도다.
> 할렐루야 찬양하세 내 모든 죄 사함 받고
> 주 예수와 동행하니 그 어디나 하늘나라.
>
> (찬송가 438장)

나의 힘이신 여호와여 내가 주를 사랑하나이다

(시편 18장 1절)

이 느낌이 변질되지 않기를 기도합니다.
하지만 저는 앞으로 살면서
단 3번이 아니라 300번씩 3000번이라도
주님을 모른다고 하기에 충분히 연약한 자입니다.
아무 자격도, 공로도 없는 저에게 무한한 사랑을 다 퍼 주시는
주님의 그 마음에 대못을 박지 않고 살면 참 좋겠습니다.
'나는 주를 절대 모릅니다'의 저주가 아니라 '내가 주를 사랑하나이다'의
아름다운 고백이 제 입에서 나오려면
'나의 힘 되시는 여호와'의 은혜가 계속 필요합니다.
내가 주를 사랑함은 오직
'주님이 나를 사랑하고 돌보아 주시기 때문'임을 조금씩 알게 됩니다.
'주여! 저를 불쌍히 여기소서. 떠나지 마옵소서.'

02 / 딱 한 가지만 제안합니다! 딱 5분만 모두 내려놓으시겠습니까?

저는 아직 하나님을 진심으로 만나지 못한 분들께 지금 딱 한 가지만 제안합니다. 아니 정중히 부탁드립니다. 그분에 대한 당신 생각을 딱 5분만 내려놓고 다음 글을 한 번 읽어 주시겠습니까?

"허공에다 떠드는 것 같지만 하나님, 저를 아시나요? 솔직히 저는 당신 존재를 잘 모릅니다. 그래요. 내가 양보하죠. 창조주 당신이 계신다고 칩시다. 그래서 내게 뭘 바라시죠? 실은 제가 좀 바쁩니다. 그러니 당신의 '진리'를 요점만 간단히 말해 주면 좋겠습니다. 참! 한 가지는 분명히 해 둡시다. 예수를 믿으면 천국엘 산다고 들었는데 사실 저는 그런 것엔 정말 관심 없습니다. 그러니 뭐 천국 이야기라면 요 정도에서 멈춰 줬으면 합니다. 교세 확장을 위한 전도라면 더욱 사양합니다. 저는 교회에 나갈 생각이 전혀 없거든요. 특히 제 주변에는 이상하게도 꼴도 보기 싫은 예수쟁이들이 좀 많습니다.

아 참!… 내가 잠시만 양보한다고 했죠? 그래요… 예수가 당신 아들이고… 그래서 예수 믿고 천국 간다고 칩시다. 아니 천국 갑시다. 어차피 가는 거라면 가죠! 그럼 됐나요?

한 가지만 물읍시다. '예수를 믿습니다. 요렇게만 말하면 정말 그분 자녀 되는 건 맞나요? 이제부터 좀 착하게 살면 저도 천국 가는 거 틀림없나요? 예전에 지은 죄는 다 용서해 준다면서요? 그럼 이제 우리 대화도 끝난 거네요. 난 하나님이란 당신과… 당신을 따르는 교회 사람들과 더 이상 할 얘기가 없는 겁니다. 아! 너무 걱정은 마세요. 혹시 압니까? 저도 언젠가 교회에 열심히 나가게 될 지도 모르니까요.

우선 바쁘신데 시간을 내 주셔서 감사합니다. 하지만 당신은 아직 마음속 깊이 예수님을 만나지는 않은 듯합니다. 당신께는 아직 십자가 구원을 깨닫는 은혜가 오지 않은 듯합니다. 저는 하나님께 대한 당신의 모든 관념을 딱 5분만 싹 지우고 양보하는 마음으로 이 편지를 읽어 달라고 부탁했는데 정말 자신을 완전히 내려 놓으셨는지요?

"예수를 믿는다."에서 그 "믿는다."는 것은 인심 한번 쓰듯 입술로만 "믿는다."고 말하는 게 아니라 진심으로 "예수님이 죄인인 나를 위해 죽으셨음을 믿는 것"을 뜻합니다. 그러면 그 다음 반응은 "이제 당신과 거래 끝났습니다."가 아니라 "저는 이제 당신 자녀입니다. 주님만 따르며 살겠습니다. 저를 도우소서."라는 기도가 나오는 게 정상입니다.

앞의 기도 제안은 영국의 유명한 목사 존 스토트(John R. W. Stott 1921~2011)의 '기독교의 기본진리(생명의 말씀사 p.35)'라는 책에 있는 것을 제가 좀 풀어서 써 본 것입니다. 그 책에 나온

기도를 원문 그대로 소개하면 다음과 같습니다.

"하나님, 만일 하나님이 계시다면 (저는 솔직히 하나님이 계시는지 확실히 모릅니다), 이 기도를 들으실 수 있으시다면, 제가 정직하게 진리를 찾고 있다는 것을 알아주시기 원합니다. 제 마음은 열려 있습니다. 기꺼이 믿겠습니다. 예수님이 하나님의 아들이시고 세상의 구주임을 보여 주십시오. 제 마음에 확실한 것을 주시면 예수님을 구주로 영접하고 주님을 따르겠습니다. 아멘."

그리고 저자는 말합니다. "이 기도를 한 사람은 결코 실망하지 않을 것이다. 정직하고 진지하게, 또한 겸손하게 하나님을 찾는 사람을 하나님은 결코 외면하지 않으신다."

비록 아직은 주님이 당신을 변화시키지 않으셨지만 저는 계속 기도하겠습니다. 하나님! 이 편지를 읽으시는 분이 결국 이렇게 고백하게 해 주십시오. "저는 부활하신 예수님을 믿고 드디어 당신 자녀가 되었습니다.

오 주여! 나의 아버지! 감사합니다."라고요.

실은 여기까지가 5분입니다. 여기까지 읽으셨지만 아직 별 감동이 없으신 분은 죄송하지만 조금만 더 인내심을 갖고 이 글을 끝까지 읽어 주시면 정말 감사하겠습니다. 참고로 이 책을 다 읽는 데 걸리는 시간은 2시간도 채 안됩니다. 하지만 우리 인생에서 한두 시간을 투자해 (인생 100년을 기준으로 평생 약 87만6000시간 중에서 2시간은 0.00023%에 불과합니다) 당신이 받을 수 있는 축복은 지상에서 영원까지 무한대입니다. 그 어떤 것과도 비교할 수 없는 한량없은 은혜가 이 안에 있습니다.

내가 주를
사랑하나이다

03 저는 원래 오지랖이 넓은 놈이 아닙니다

저는 원래 이런 편지를 쓸 자격이 없었습니다. 또한 저는 믿음이 대단하고 인품이 훌륭한 나머지 그것을 으스대고 싶어 이 편지를 당신께 드리는 게 절대 아닙니다. 다만 저는 제가 만난 주님이 당신의 주님도 될 수 있다는 확신 하나로 이 글을 씁니다. 이 글은 저의 영성일기이기도 하지만 주변 분들께 제가 만난 예수님을 전하려는 저의 간절한 전도편지입니다. 저는 성격상 남의 일에 끼어드는 그런 오지랖형 인간이 못됩니다. 그런데 왜 남의 일에, 그것도 남의 신앙문제에 저답지 않게 간섭을 하냐고요? 그것은 제가 아는 소중한 분들이 하루 빨리 예수님을 영접하기를 바라는 마음에서입니다.

잠시 살다 가는 이 세상에서 '지금' 그 분을 만나지 못하면 영원히 그분을 뵙지 못하고 그냥 이대로 죽을 수도 있기 때문입니다. 이것은 결코 공갈협박이 아닙니다. 지금의 은혜가 멀어지면 영원한 후회만 남을 수 있습니다.

제가 전도를 하려고 무슨 말을 꺼내면 상대방은 속으로 "아… 됐고요. 나도 알고 있거든요."라고 말하려는 것을 잘 압니다. 예의상 꾹 참고 들어 주시는 분이 많다는 것도 잘 압니다. 간혹 "하나님이 있기는 있는 거냐?"라고 돌 직구를 날리는 분도 계십니다. 많은 분들이 역시 손에 잡히는 하나님을 원하는 것 같습니다. 하나님이 오늘 저녁 9시 뉴스에라도 출연해 말씀해 주시면 하나님을 믿는 사람이 정말 많아질 것 같습니다. 형상이 아니면 음성, 기적을 통해서 그분의 존재를 확인하고 싶어 하는 분들이 있는 건 당연합니다. 저도 약간 그런 쪽이었습니다.

물론 하나님은 간혹 이런 저런 기적으로 자신을 드러내십니다.

그런 표적으로 하나님을 믿게 된 분도 아마 계실 겁니다. 하지만 많은 그리스도인이 기적만으로 그분을 믿지는 않았습니다. 하나님이 병을 고쳐 주셨다고 해서 그 고침 받은 모든 이가 주님의 자녀가 되지는 않았습니다. 그토록 기적을 많이 본 조상을 둔 이스라엘 민족은 아직도 예수님을 메시아(구원자)로 인정하고 있지 않습니다. 하나님을 만난 모든 성도가 예외 없이 하나님에 대한 확실한 증거를 꼼꼼하고도 완벽하게 따져 본 다음에 하나님을 믿기로 결심한 것은 아닙니다.

확인하고 또 확인한 끝에 "그래 틀림없어… 이 정도면 내가 충분히 믿을 만 해~"라며 하나님을 믿기로 작정한 것은 아니지 않습니까? 예수님은 우리에게 '믿음'이라는 것을 강조하셨습니다. 성경은 우리에게 '믿음'이라는 도구로 예수님을 영접할 것을 알려줍니다. 그래서 믿음은 그 분의 은혜입니다. 하나님이 믿음조차 인류에게 허락하지 않으셨다면 우리는 하나님을 만날 방법이 없었을 지도 모릅니다.

예수께서 이르시되

나는 부활이요 생명이니 나를 믿는 자는 죽어도 살겠고

무릇 살아서 나를 믿는 자는 영원히 죽지 아니하리니

이것을 네가 믿느냐.

(요한복음 11장 25-26절)

 저 또한 기적을 통해 하나님을 믿은 사람이 아닙니다. 제가 그분의 자녀가 된 것은 그저 너무 평범한 말씀, 목사님들이 귀에 딱지 앉도록 하신 말씀… "예수님이 바로 당신의 구원자이시다"… 이 말씀이 어쩌다(?) 제 가슴에 꽂힌 것뿐입니다. 뜨거운 불을 보거나 화기(火氣)를 느낀 것도 아니요, 말씀을 듣다가 뒤로 나자빠진 것도 아니었습니다. 흰 옷 입은 예수를 본 것도 아니고 날개 달린 천사를 본 것도 아니었습니다. 단지 "아무 흠 없는 예수님이 바로 당신을 자녀 삼으려고 죽으셨다."는 그 설교말씀이 하필이면 그날 그 시간, 제 가슴을 강하게 친 것뿐입니다.

 '믿음'의 은혜로 그 추상적 사실이 제 마음에 실상(實像)으로 맺혀진 것이 제게 기적이 아니면 또 무엇이겠습니까? 예수님이 인류를 위해 죽으신 게 아니라 '바로 내 죄 때문에' 죽으시고 부활하셨다는 그 말씀이 하필 그날 저를 울린 게 기적이 아니면 또 무엇이겠습니까? 그 다음 예배 순서에 따라 적어도 한 번쯤은 불러봤을 구닥다리 찬송, 그 찬송을 부르는데 그 가사가 제 가슴에 비수처럼 꽂히고 심장 깊은 곳을 저민 것이 기적이 아니면 또 무엇이겠습니까? 그 감정은 단지 스쳐 지나가는 일시적 흥분에 불과했을까요?

그때 그 찬송은 남의 찬송이 아니라 바로 내 찬송, 나의 간증, 나만의 기도였습니다. 그 변화의 느낌을 저는 지금 당신께 전하고 있습니다. 제가 이런 전도 편지로 오지랖을 떠는 이유는 제가 당한 기적이 반드시 당신의 기적 또한 될 수 있다는 확신 때문입니다. 다음 찬송이 반드시 당신의 귀한 찬송이 될 수 있다는 믿음 때문입니다.

예수를 나의 구주 삼고 성령과 피로써 거듭나니
이 세상에서 내 영혼이 하늘의 영광 누리도다.
이것이 나의 간증이요 이것이 나의 찬송일세.
나 사는 동안 끊임없이 구주를 찬송하리로다.

(찬송가 288장)

예수님이 말씀하셨습니다.
너희가 증거를 찾고 있으나 엉뚱한 증거를 찾고 있다.
너희는 너희 호기심을 만족시켜주고,
기적에 대한 너의 욕망을 채워 줄 무언가를 바란다.
그러나 예수님은 "너희가 얻게 될 유일한 증거는 바로 당신 자신뿐이다"라고 말씀하셨습니다.

(마태복음 12장 39절, 메시지성경에서)

내가 주를
사랑하나이다

예수님을 만나면 어느 새 우리는 주님의 증인자리에 서게 됩니다.
내가 그분 증인됨은
내 안에 주체할 수 없는 '복음의 생명'의 박동 때문입니다.
삶의 현장에서 저는 제가 아는 것이 아닌,
단지 제가 만난 주님을, 보고 느낀 대로 전하기 원합니다.
지금 제 주변에 예수님과 가장 멀리 있는 듯한
바로 그 사람이
제게는 곧 땅 끝이고 열방입니다.

오직 성령이 너희에게 임하시면
너희가 권능을 받고
예루살렘과 온 유대와 사마리아와
땅 끝까지 이르러
내 증인이 되리라 하시니라

(사도행전 1장 8절)

04 조금만 더 있다가 교회에 갈게요

 만약 누가 기가 막힌 불로장생의 묘약을 갖고 있다면 우리는 어떻게 해서라도 그것을 손에 넣으려 할 것입니다. 사실 지난날을 돌이켜 보면 정말 귀한 것이었는데 그때는 그 가치를 모르고 그만 코앞에서 놓쳐 버린 경우가 혹시 있지는 않으셨나요? 엄청난 투자 기회나 다 차려진 밥상을 무심코 발로 차버린 후회 막급한 경우 말입니다.

 예수님을 전하는 제 마음은 사실 좀 바쁩니다. 왜냐고요? 만약 당신이 탄 차가 잠시 후 천 길 낭떠러지로 떨어진다면 저는 무슨 수를 써서라도 당신 차를 멈추게 하거나 뛰어내리라고 신호를 보낼 것입니다. 당신이 그리로 떨어져 영원한 고통을 받는 게 확실하다면 제가 어찌 한가로이 팔짱만 끼고 앉아 있을 수 있겠습니까? 세상에는 낙관적 오류라는 것도 있지 않습니까? 남의 일로만 여기다가 그게 자기한테 닥쳤을 때 패가망신할 정도로 큰 비용을 치르는 경우 말입니다. 우리는 혹시라도 모를 그 위험에 대비해 무언가를 준비해 놓습니다. 바로 보험입니다. 저는 지금 당신께 '천국 보험 하나 들어 두세요.'라고 권해 드립니다.

실은 저도 이 절벽을 향해 지난 50년간 맹렬히 돌진해 왔습니다. 단지 죽음으로 끝나지 않고 죽어서도 영원히 이어지는 멸망의 계곡으로 말입니다. 살아 있는 동안 우리는 이 핸들을 반드시 안전지대로 꺾어야만 합니다. 교회를 다니자고 권하면 많은 분들이 이렇게 답합니다. "저는 지금 죄가 많아서… 아직 마음의 준비가 덜 되어서… 나중에 좀 생각해 보고… 요즘 좀 바빠서… 취지는 알겠지만 난 아직 종교를 가질 마음이 없군요… 형, 인생 조금만 더 즐기다가 교회 갈게요… 가족들과 종교가 달라서, 부모님이 절에 다녀서." 등등 입니다.

아무튼 대개는 이 문제에 절박함이 없습니다. 나중에 한 번쯤 고려는 해보겠지만 지금 당장 급하게 결정할 이유는 없다는 것입니다. 하지만 오늘 혹은 내일이 우리 삶의 마지막 날일 수도 있습니다. 그간 당신의 착한 행실과는 아무 관계없이 당신은 지금 한 걸음씩 천국의 반대쪽으로 다가가고 있는지도 모릅니다. 천국도 영원하지만 지옥도 영원한 것을 혹시 아십니까? 잘 모르는 확률에서 살면서 굳이 지옥 쪽에 배팅할 이유야 없지 않겠습니까?

때가 왔을 때 잡지 않으면 당신 삶에 주님이 언제 다시 찾아오실지 모릅니다. 혹시 지금이 이 세상에서 당신께 들려오는 그분의 마지막 음성일 수도 있습니다. 이 보잘것없는 글이 당신에 대한 주님의 마지막 초대일 수도 있습니다. 진리는 가까이 왔을 때, 바로 이 순간에 잡아채야 합니다. 부디 이 글을 읽으실 때에 예수님의 천국 초대에 응하시기를 예수님의 이름으로 간절히 기도합니다.

너희는 여호와를 만날 만한 때에 찾으라
가까이 계실 때에 그를 부르라.

(이사야 55장 6절)

**그 안에는
지혜와 지식의 모든 보화가 감추어 있느니라**

(골로새서 2장 3절)

그리스도 비밀의 창고에는
온갖 보물들이 가득 차 있습니다.
주님 자녀는 언제나 필요한 만큼
자유롭게 그것을 사용할 수 있습니다.
우리는 예수님이라는 보화를
매순간 누리는 복 받은 사람들입니다.

05 / 한 살이라도 젊었을 때 예수님을 꼭 만나야 하는 이유가 있습니다

저는 안타깝게 그리 못됐지만 가능하면 한 살이라도 젊었을 때 예수를 만나 그분과 함께 세상을 살아가면 얼마나 좋을까요? 예수님을 모시는 축복이 일어나면 그 다음 우리 삶은 그분의 자녀된 신분으로, 완전히 다른 장르의 삶으로 재(re)부팅됩니다. 그런 삶을 죽기 바로 직전에 시작한다면 너무 안타까운 일입니다. (물론 그것도 주님을 만나지 않고 그대로 죽는 것과는 비교가 안 되게 귀한 일이지만요.)

너는 청년의 때에 너의 창조주를 기억하라.

(전도서 12장 1절 상반절)

저도 예수님이 구주임을 고백한 다음에 처음엔 그냥 그분의 자녀 된 감동 정도에 머물 줄 알았습니다. 하지만 그것은 시작에 불과했습니다. 제게 오신 예수님은 제 상상 이상의 분이셨습니다. 주님은 제 인생관을 바꿔 주셨고, 제 삶의 현장에 직접 개입하시고 제가 인생을 더 이상 낭비하지 않도록 섬세하게 도우십니다. 오해는 하지 말아 주십시오. 뒤에도 말씀 드리겠지만 예수님을 뵌 다음, 제 삶은 그야말로 앞이 뻥 뚫리고 미친 듯이 돈이 벌리고, 어려운 일 하나 없이 잘나가는 그런 삶이 아니었습니다. 오히려 저는 예수를 믿고 한동안 어려움이 더 많았습니다.

그렇다고 저는 예수를 믿어 봤자 인생 별 볼일 없거나 오히려 힘들어질 수도 있으니 '조심하고 매사 좋게 좋게 생각하고 넘어가자'라고 말씀 드리는 게 아닙니다. 하나님은 차원이 좀 다른 분임을 짚고 가자는 겁니다. 인생은 짧지만 동시에 깁니다. 결국 살아 보니 악하고 무익한 삶이었느냐, 반대로 지나 보니 참 선한 길이었느냐의 문제입니다. 내 삶이 허무와 고독과 미움과 원망 충만한 삶으로 맺어지느냐, 아니면 살아 보니 결국 보람과 자부심과 기쁨과 사랑 가득한 삶으로 기록되느냐의 문제입니다. 순간 고생길 같았지만 복되고 부요한 것으로 채워진 삶이 있는가 하면 처음엔 모든 게 형통한 듯했으나 갈수록 곤고하고 거친 삶도 있습니다. 우리 인생 드라마에는 반전에 반전 또 반전이 있고, 극적인 스릴과 다양한 시나리오가 존재합니다.

제가 지난 세월을 내 꾀와 내 계획으로 살아서 잘된 게 진정 얼마나 있었는지를 따져 보면 참 한심합니다. 삶은 하나의 긴 장편소설인데 그 끝을 해피엔딩으로 맺으려면 지금이라도 저는 무엇을 어떻게 해야만 합니까? 저마다의 다른 삶 속에서 '행복이다 아니다'의 기준은 또 무엇입니까? 우리가 말하는 그 기준은 과연 진정한 기준은 될 수 있는 건가요?

더 늦기 전에 예수님을 만나야 하는 이유는 내 삶의 과정과 결말을 복되게 하기 위함입니다. 그때 그 불행의 작은 씨앗이 나를 결국 망치게 만든 경우가 있는가 하면, 또 어떤 작은 밀알이 복된 삶의 출발로 발아되는 경우도 있기 때문입니다. 예수님이 나무이고 내가 가지인 삶은 인생 매 순간 그분이 돕고, 그분이 가장 선하게 이끄시며 필요한 양분까지 공급해 주는 그런 축복의 삶입니다.

> 내 안에 거하라 나도 너희 안에 거하리라
> 가지가 포도나무에 붙어 있지 아니하면
> 스스로 열매를 맺을 수 없음 같이
> 너희도 내 안에 있지 아니하면 그러하리라.
>
> (요한복음 15장 4절)

그 형통함이 당장 '잘 먹고 잘 사는 삶'이란 뜻은 아니지만 완전하신 그분 보시기에 가장 아름다운 삶이란 뜻입니다. 그런 인생은 향기로운 감사의 열매들로 꽉 찬 삶이며, 부요한 삶이며, 결국 해피엔딩의 삶입니다. 그 삶은 주님이 주권적으로 책임지고 돌보실 뿐만 아니라 감히 인간 주제에 주님과 동역하는 삶이기도 합니다. 그 삶의 키워드는 '예수님'입니다. 먹고 사는 것, 눈에 보이는 것만 잠시 즐기다 가는 게 삶의 전부라면 우리 인생은 너무 어이없고 허탄합니다. 영생이 없음은 물론 하늘의 열매도 없고 창조주 앞에 아무런 의미도 없는 무명의 삶을, 게다가 세상적으로도 해피엔딩이 아닌 그런 삶을 100년을 살고 간들 그게 무슨 의미가 있겠습니까?

당신의 소중한 인생드라마는 지금 가장 선하고 복되게 쓰여지고 있는지요? 한 살이라도 빨리 그분 안에 들어가면 우리는 한 살이라도 빨리 천상 고아에서 주님 자녀로 새 출발하게 됩니다. 한 시라도 빨리 하나님 자녀가 되면 우리는 한 시라도 빨리 인생 해피엔딩의 품질보증서를 받고 살아가는거나 다름없습니다. 구원의 이슈이기도 하지만 진정 삶의 리그가 달라지는 문제입니다. 쓸데없이 이곳저곳 기웃거리는 삶이 아니라 '너무나 밝고 명확한 길'이 보이는 삶, 그런 삶이 진짜 차원이 다른 멋진 삶 아닌가요?

내가 주를
사랑하나이다

06 / 제 삶의 목표는 예수님처럼 거룩하게 변하는 게 아닙니다

　많은 분들이 농담 삼아 지금 죄가 너무 많아서 교회에 못 가겠다고 말합니다. 그 말씀대로라면 저는 아마 평생 교회 근처에도 갈 수 없을 것입니다. 율법은 하나님이 우리에게 바라는 마땅한 기준이지만 그게 기독교의 전부라면 저희 믿는 성도들은 모두 그 율법을 지키느라 숨 막혀 다 죽습니다. 10계명을 완벽히 지킴으로 천국에 가고, 하나님을 기쁘시게 할 사람은 세상에 아무도 없는 줄로 압니다. 율법조문을 넘어 진짜 중요한 것은 우리 안에 계신 '부활의 예수님'과의 온전한 '하나됨'입니다. 예수님은 바로 그 계명을 완성하러 이 땅에 오셨습니다. 율법으로 우리는 죄인임을 깨닫고 예수님으로 인해 그 죄를 이겨 하나님과 하나가 됩니다. 죄가 없어서 교회에 가는 것이 아니라 죄가 너무 많아서, 내 스스로는 이 죄 문제를 도저히 해결할 수 없음을 깨달아 그분께 가는 것입니다.

오해는 마십시오, 저는 주님 영접 후에도 계속 죄를 짓고 삽니다. 죄를 짓고 사는 저는 꽤 더럽습니다. 저는 여전히 마음속으로 간음하고 거짓을 행하며, 시기 질투하고 온갖 음욕과 탐욕 속에 살아갑니다. 그것을 모두 어디 스크린에 비추어 공개라도 한다면 저는 직장과 사회에서 오늘 바로 매장당하고 말 것입니다.

하지만 저 같은 경우 예전과는 분명 달라진 점도 있기는 합니다. 예전엔 죄가 제 마음을 살짝 불편하게는 했어도 아주 역겹지는 않았습니다. 예전엔 죄가 은근히 재미지기도 했습니다. 예전엔 죄로 인해 양심이 찔리기는 했어도 그로 인해 통탄하지는 않았습니다. 하지만 지금은 죄가 진저리나게 싫고 오직 멀리하고 싶습니다.

또 달라진 게 있다면 주님 앞에 늘 제 잘못을 회개하고 뉘우친다는 것입니다. 그것은 쇳소리 나는 자아비판과는 다릅니다. 부모님께 무언가를 숨기고 찜찜하게 살다가 이제는 모든 것을 다 터놓고 재잘거리며 유쾌하게 사는 그런 기분입니다. 온갖 죄가 저를 둘러싸고 있지만 저는 분명 죄와 동행하고 있지는 않습니다. 그럼 너무 거룩한(holy)척 하느라 힘들지 않냐고요? 그렇지 않습니다. 저는 죄를 짓고 회개하기보다 죄를 안 짓고 이기는 기쁨이 더 좋아졌습니다. 그래도 죄를 질 때 저는 이렇게 기도합니다. "주님 죄송해요~ 저는 연약하지만 주님은 강하시니 죄가 저를 주장하지 못하도록 도와주세요."라고요.

자녀가 부모님께 용서를 빌면 너무 상심한 나머지 돌아서 울기도 하지만 그래도 자식이라 용서해 주듯이 우리 주님도 제게 그러하심을 압니다. 그렇다고 제가 만난 주님은 제가 거룩해지도록 저를 윽박지르지 않습니다. 다만 제가 만난 예수님은 제가 세상을 이기도록 친절히 도우십니다. 저는 여전히 크고 작은 죄를 짓고 또 짓는 속물이지만 저 같은 놈도 그분 안에서 죄를 이기는 승률이 점점 더 높아지고 있음에 스스로 놀라지 않을 수 없습니다.

 물론 제 삶의 목표는 예수님을 완벽하게 닮아가거나 고상해지고 거룩해지는 게 아닙니다. 만약 그게 목표라면 저는 충분히 거룩해진 다음엔 아마도 그분이 필요 없어질 것입니다. 제 삶의 목표는 주님이 저와 늘 함께해 주심으로 예수님의 품성이 저 같은 더러운 놈을 통해서도 자연스레 드러나는 것 뿐입니다. 그러니 제가 할 일은 그저 겸손히 그 분만 바라보는 것, 그것 뿐 입니다.

 그리스도인은 스스로 거룩한 게 아니라 그들이 예수님 빛으로 감싸져 있기에 구별된 삶으로 보이는 것 뿐입니다. 주님을 바라보고 싶은 생각이 드는 것도 은혜요, 실제 그렇게 산다면 더더욱 은혜입니다. 그래서 매일 그 은혜를 간구하는 것 역시 성령의 은혜입니다. 주님을 바라보는 제게 주어지는 상급은 주님을 맛보는 삶, 바로 그것입니다. 왜냐하면 제가 바라보는 예수님이 바로 빛이시고 거룩(holiness), 그 자체이시기 때문입니다.

07 / 죽는 놈이 뭐 그리 할 말이 많냐?

    2014년 어느 청명한 가을 날, 저는 병원에 입원할 일이 있었습니다. 그날 입원은 앞서 말씀 드린 대로 그 3개월 전 뇌출혈 때문이었습니다. 석 달 전에는 응급으로 실려 갔지만 그날은 반대쪽 뇌혈관 파열 예방을 위한 입원이었습니다. 그 입원 전주, 저는 태어나서 처음으로 유서라는 것을 한 장 써 봤습니다.

    조용한 주말, 사무실에 앉아 A4 한 장에 간단히 적어 볼 생각으로 제목을 '김한진의 유언장입니다'라고 쓴 뒤 다음 문장을 이어가려 하는데 그만 말문이 탁 막혔습니다. 쉽게만 여겼던 유언장은 생각만큼 쉽지 않았습니다. 직업이 직업인지라 뭔가 결론만 간결하게 적고 싶은데 한 사람의 인생을 너무 좁은 A4용지 안에 꾸겨 넣는 것 같기도 하고, 또 반대로 쓸 말이 참 많을 줄 알았는데 막상 '삶을 정리하는 무언가'를 쓰려니 좀 당황스럽기조차 했습니다. 막막한 나머지 눈을 감고 잠시 기도를 했죠. 잠시 후 드디어 첫 문장이 떠올랐습니다.

그것은 "1번... 하나님 감사합니다."였습니다. 기도 중에 "죽는 놈이 뭐 그리 할 말이 많냐? 이거면 됐지."라는 생각이 들었습니다. 그간 하나님을 모르고 산 어둡고 긴 그 세월, 그리고 3년 전 하나님을 만난 감격과 자녀 된 기쁨, 또한 이 세상에서 함께한 소중한 아내와 가족들에 대한 감사, 하나님께서 한 평생 이 죄인 먹이시고 입히시고 재워 주신 이루 말할 수 없는 은혜… 그 모든 은총에 대한 감사... 감사... 또 감사...

그분께 대한 저의 마지막 고백은 "Thank You, My Lord!" "오~ 당신 은혜에 감사합니다."였습니다. 그분께 무슨 요구가 더 남아 있나? 나를 가장 선한 길로 이끄시고 가장 완벽하게 보호하신 그분께 말입니다. 이 세상에서 그 고마운 주님께 마지막으로 드릴 말씀은 "그간 너무 감사했습니다. 이제 당신을 뵈러 올라갑니다. 저를 받아 주옵소서." 그게 전부였습니다.

그 다음 아내와 아이들에게 '정말 사랑한다'는 말, 당부의 말 등을 간단히 적었습니다. 교회 안 나가는 가족들에 대한 간곡한 부탁도 적었죠. 그리고 "네 이웃을 네 몸같이 사랑하라" 하신 예수님의 말씀이 떠올라 '예수님의 이름'으로 장기 기증을 서약했습니다. (추후 저는 질병관리본부 장기이식관리센터에 저의 장기기증 의사를 보냈습니다) 예수님이 저를 얼마나 사랑하고 계신지를 이제는 조금이나마 알 것 같기에 별것 아니지만 저도 마지막으로 우리 예수님 좋아하실 만한 일을 하나 남기고 싶은 마음에서였습니다. 어쩌면 예수님 믿기 전 허송 생활한 그 한심한 세월과 제 삶 전체에 대한 회개의 표현이기도 하고요. 또 천국 가서 하나님 뵈면 너무 죄송할 것 같다는 생각도 들었기 때문입니다.

"너는 왜 그렇게 살다가 왔니? 이 게으른 종아~~"

"죄송해요...용서하세요... 회개하는 심정으로 주님 주신 몸뚱이라도 '주님 이름으로' 이웃에게 주고 왔습니다. 그거라도 해서 하나님께 마지막 영광 올려 드리고 싶었습니다."

내가 주를
사랑하나이다

08 저는 원래 시간과 돈을 교회에 투자하는 것이 아까웠습니다

저는 나이 스물여덟에 한 여자를 만났습니다. 만난 지 얼마 안 되었을 때 그녀는 '예수 안 믿는 사람과는 더 이상 만날 의미가 없다'며 헤어지자고 하더군요. 그때 저는 '참, 특이한 여자일세... 그럼 교회 나가주면 되지... 나도 왕년에 거기 문턱 좀 밟았던 사람인데...'라며 집 근처 교회에 나가기 시작했습니다. 물론 '열심히'는 아니었고 그저 그녀와의 관계를 유지할 정도로만 주일을 지켰습니다. 그때 그 여자가 싫지는 않았던 모양입니다. 이후 저는 신혼 때부터 그녀를 따라 교회를 다니고 있습니다.

저는 교회를 다니는 제가 당연히 기독교인이라 생각했습니다. 당시 저는 예수를 열심히는 안 믿었어도 제가 기독교인이 아니라고는 한 번도 생각해 보지 않았습니다. 적어도 지난 2011년 말까지는요. 귀찮아도 일요일엔 눈뜨고 교회 가는 게 마음이 편했습니다. 음주와 가무, 일에 찌들어 일주일을 보내다가 주일날 설교 듣고 찬송 부르는 게 싫지는 않았습니다. 또 예배당에 안가면 그분이 뭔가 해코지 하실 것도 같고... 그런데 지금 생각해 보니 그 긴 세월, 저는 '영과 진리'로 하나님께 예배드린 게 아니었습니다. 예수님이 제 안에, 제가 예수님 안에 있다는 신념이 없는데 어찌 '영과 진리'의 예배가 되겠습니까? 교회에 꾸준히 다니면 그리스도인이고 대충 다니면 그리스도인이 아닌 것은 아니지 않습니까? 예수님의 영이 내 안에 있어야 그리스도인인 것을 저는 주님을 뵙고 나서야 알았습니다.

하나님은 영이시니

예배하는 자가 영과 진리로 예배할지니라.

(요한복음 4장 24절)

물론 정확히 기억나지는 않지만 그 긴 세월 동안 제게도 감동이 전혀 없었던 것은 아니었습니다. 어떤 때는 주님께 진심으로 감사한 적도 있었고, 무언가를 간절히 간구한 적도 있었습니다.

하지만 그 감사와 기도는 꾸준히 이어지지 못했습니다. 하나님께 집중하는 삶과는 거리가 너무 멀었고, 제 삶의 중심에 그분이 계시지 않았습니다. 사실은 예배가 좀 귀찮을 때도 많았죠. 어떤 날은 예배시간이 다른 아내에게 "교회 갔다 올게."라고 말한 뒤, 차 안에서 쉬거나 집 근처 공원을 배회하기도 했습니다. 주일에 골프나 등산 약속이라도 잡히면 아내에게 '하필이면 고객이 주일 밖에 안 된다네.' 겉으로는 투덜대면서 속으로는 교회 땡땡이 치는 게 싫지 않았습니다. 아내가 챙겨 준 헌금이나 십일조를 슬쩍 제 지갑에 옮겨놓는 찌질한 짓도 몇 번 있었습니다.

아마도 그때 저는 시간과 돈을 '교회에 투자'하는 게 좀 아깝게 느껴졌던 모양입니다.

내가 주를
사랑하나이다

09 / 저는 너무 '빤한 말씀'에 마음의 큰 변화를 입었습니다.

그러던 2011년 어느 겨울 밤, 저는 인터넷으로 말씀을 듣던 중 예수님이 "바로 나"를 위해 죽으셨다는 사실을 감동적으로 느꼈습니다. 그 설교를 듣게 된 계기는 저의 믿음 없음을 눈치 챈 업계의 지인 한 분이 제게 계속 강권했기 때문입니다. 그분은 제가 지금까지 만난 그리스도인 가운데 주님을 전하는 일에 가장 열정적인 분입니다. 하지만 믿음 없던 그때 저는 그분이 좀 귀찮고 무례하다는 생각이 들었습니다.

아무튼 다음에 또 그분을 뵈면 분명히 고문을 당할 것 같아 해를 넘기기 전에 밀린 숙제 하듯 아예 작심하고 들은 설교였습니다. 제가 그 교회 사경회 녹화 영상을 보던 사흘 저녁 내내 저희 집에는 이상하게도 식구들이 모두 외출하고 없었습니다. 첫날에는 빨리 돌려보기도 하고 대충 들었지만 그 이튿날부터는 말씀에 조금씩 빠져 들어갔습니다. 드디어 사흘째 되는 날, 마지막 말씀이 저를 사로잡았습니다.

> 네가 만일 네 입으로 예수를 주로 시인하며
> 또 하나님께서 그를 죽은 자 가운데서 살리신 것을
> 네 마음에 믿으면 구원을 받으리라
>
> (로마서 10장 9절)

앞서 말씀드렸지만 그 설교가 예전에 전혀 듣도 보도 못한 새롭고 충격적인 말씀이어서 제가 감동을 받은 것은 아니었습니다. 물론 말씀의 은사가 있으신 목사님이 저로 하여금 계속 집중하도록 해 주신 것은 맞지만 지금 생각해 보니 그것은 저를 향한 성령님의 은혜였습니다. 구원은 정말 교회를 다닌 세월과 관계가 없는 모양입니다. 예수님이 하나님의 유일한 아들이고, 그분이 내 죄를 사해 주기 위해 이 땅에 오셔서 죽으시고 부활하셨다는 것을 저는 2011년 12월 말 나이 50이 넘어서야 처음으로 마음 속 깊이 받아들이고 제 입술로 고백하게 되었습니다. 그것도 작은 노트북으로 설교영상을 혼자 보면서 말이죠.

그날 이후 제게 가장 큰 변화는 하나님 자녀 된 행복감이었습니다. 세상이 좀 다르게 느껴졌고, 내심 우쭐해지는 기분도 들었습니다. 하지만 사실 저는 그날 이후 몇 년간 그다지 '만사형통'하지는 않았습니다.

해가 바뀌어 2012년부터 제게는 크고 작은 어려움들이 생겼습니다. 주주이자 부사장으로 있던 회사경영이 어려워졌고, 고객과 힘든 일도 여러 건 생겼고, 맡고 있는 펀드가 꼬였고, 후배에게 금전적으로 배신을 당하고, 분쟁도 있었습니다. 그리고 설립 때부터 인생 황금기를 보낸 회사를 스스로 그만두게 되었고, 잠시 백수생활도 했습니다. 개인적으로 투자한 데서 뜻밖의 손실을 맛보기도 했고, 이후 새롭게 출발한 회사에서 갑자기 뇌출혈로 쓰러져 죽을 뻔하고 난생 처음 두 번이나 입원을 해야 했습니다. 제가 영적으로 변화된 다음 한동안 제게는 좋은 일이라고는 거의 찾아보기 어려웠습니다.

그런데 이상하게도 당시 그런 크고 작은 어려움들이 쉴 새 없이 몰아쳐도 저는 마음이 찌들거나 좌절감에 빠지지 않았습니다. 저는 그저 담담하게 대처했고, 그로 인해 하나님께 더 많이 기도하고 주님을 더 많이 의지하게 되었습니다. 그때 오히려 말씀을 가장 열심히 읽고 묵상했던 것 같습니다. (예전 같으면 아마 소주 한잔 마시고 방황 좀 했을 겁니다.) 분명 고난은 고난인데 '돌아 버리겠다.'는 느낌이 아니라 그저 '주여~'라는 기도의 시작만으로 제 마음은 평안해졌습니다. 그때 저의 기도는 대략 다음과 같았습니다.

하나님 감사합니다. 저는 '구원불능형' 죄인입니다. 그런 저를 구원해 주셔서 정말 감사합니다. 주님만 저를 떠나지 않으신다면 제 형편이 어찌 됐든 저는 다 괜찮습니다. 세상 염려로 인해 믿음을 잃지 않게 해 주옵소서. 사는 형편에 따라 하나님을 사랑하는

자 되지 않도록 붙들어 주옵소서. 주님이 함께 계시므로 저는 이미 승리했음을 믿습니다. 저는 이제부터 가장 선하고 감사한 삶을 살 것으로 확신합니다. 그런 주님을 찬양합니다. 저와 함께 계시는 사랑의 주님을 사랑합니다!

그 후 시간이 지나면서 진짜 저의 이런저런 어려움들은 저도 모르게 어느새 감사의 제목들로 변해 갔습니다. 가정에 더 큰 고난을 주지 않으심에 감사, 고난을 통해 믿음 더해 주심에 감사, 어려움 중에 기쁨 주심에 감사, 주님을 더욱 깊이 사귈 수 있게 해주심에 감사, 문제가 해결될 때마다 주님의 긍휼과 은혜에 대한 무한한 감사… 오직 주님이 함께 계심에 대한 감사… 이런 게 저의 감사의 제목들이었습니다. 전지전능하신 그분이 함께 계시고, 나를 가장 선한 길로 이끄신다는 믿음은 난생 처음 느껴보는 황홀한 위로이자 소망이었습니다.

예수님을 구주로 고백한 다음 저는 소소한 일상 속에서 예수님을 보았습니다. 그리고 그 예수님은 겉으로는 다소 무심한 분처럼 보였지만 시간이 지날수록 애절한 사랑의 하나님이심을 알았습니다. 주님을 뵌 이후 저는 결혼해서 처음으로 아내를 위해 기도하는 남편이 되었고, 난생 처음 자녀를 위해 기도하는 아빠가 되었습니다. 주님이 저를 통해 가족들을 축복하신다는 것도 느꼈습니다. 새벽기도를 하고 말씀을 읽고 묵상하고, 이런 전도편지를 써서 보내고, 제가 만난 예수님을 전했습니다. 또 주일학교 교사로 작은 섬김의 삶을 살게 되었습니다. 세상 쾌락보다 예수님의 따스한 온기를 느끼는 시간이 훨씬 더 많은, 그런 삶이 2012년 새해부터 저에게 주어졌습니다.

제게 그런 일이 있은 뒤 몇 달이 되지 않아 업계 지인들의 술자리에 간 적이 있었습니다. 그날 어떤 고객과의 일이 꼬여서 저녁도 못 먹고 몸이 파김치가 되어 2차에 좀 늦게 참석했습니다. 제가 변화된 줄 모르는 터라 "김박사… 한잔 해"하며 평소처럼 제게 폭탄주를 권했죠. 그날이 제가 변화된 다음 처음 맞은 술자리였는

내가 주를
사랑하나이다

데 저는 이상하게 그날 술이 전혀 당기지 않는 저를 처음 발견했습니다. 30년간 술로 꾸준히 단련된 애주가인데 말이죠.

그런데 그때 찬송가가 흘러 나왔습니다. 서빙하는 아가씨도 두어 명 있는 작은 카페인데 그것도 5절까지 다 나오는 찬송이라니 좀 의외였습니다. 물론 그 찬양 뒤에는 다시 그 집 분위기에 맞는 음악이 흘러 나왔습니다. 사람들이 떠드는 동안 저는 조용히 찬송을 따라 불렀습니다. 그때 그 찬송이 왜 그 술집 스피커를 탔는지 저는 잘 모릅니다. 하지만 찬송가 491장, '저 높은 곳을 향하여'는 그때 주님을 향한 저의 간절한 고백이었고, 당시 제 마음을 가장 잘 표현하는 소망의 기도였습니다.

> 저 높은 곳을 향하여 날마다 나아갑니다.
> 내 뜻과 정성 모두어 날마다 기도합니다.
> 괴롬과 죄가 있는 곳 나 비록 여기 살아도
> 빛나고 높은 지곳을 날마다 바라봅니다.
> 내 주여 내 맘 붙드사 그곳에 있게 하소서.
> 그곳은 빛과 사랑이 언제나 넘치옵니다.
>
> (찬송가 491장)

10 / 2차 수술 중에 받은 진짜 은혜

"김 박사님을 보면 하나님이 정말 계신 것 같아요."

2014년 뇌출혈로 쓰러지고 건강을 되찾은 저를 보고 저희 팀 아끼는 후배가 했던 말입니다. 맞는 말입니다. 저도 그렇게 생각합니다. 앞서 말씀 드린 것처럼 1차 수술 후 석 달쯤 지나 저는 반대쪽 뇌혈관 출혈 예방을 위해 다시 입원하게 되었습니다. 1차 때는 긴박한 뇌출혈 상태여서 그런지 아픈 줄 몰랐는데 이번엔 사정이 달랐습니다. 이따금씩 고통을 참지 못해 비명을 질렀습니다.

저는 1차 때는 '주님이 가르쳐 주신 기도'를 반복해 드리고 묵상했는데 이번에는 사도신경을 묵상하기로 했습니다. 살짝 입 밖으로 소리를 내기도 했죠. 수술이 한 3시간쯤 경과될 즈음으로 짐

작됩니다만 의사가 물었습니다. "환자 분~ 이름이 뭐죠?"

"네 김한진입니다."라고 말하려는데 턱뼈가 움직이지 않습니다. 머리에서는 말이 나오는데 입술이 움직이지 않았습니다. 의사가 "걱정 마세요... 혈전 용해제를 투여했으니 괜찮을 겁니다." 잠시 후 의사 말씀대로 말이 돌아왔고, 저는 제일 먼저 사도신경을 소리 내 고백해 보았습니다. 그때 제 입에서 나온 신앙고백은 진짜 제 뼈 속 깊은 고백이었습니다. "나는 전능하신 아버지 하나님, 천지의 창조주를 믿습니다. 나는 그의 유일하신 아들, 우리 주 예수 그리스도를 믿습니다..."

그날 수술실에서 제가 받은 진짜 은혜는 말을 되찾은 은혜보다 '내가 누리고 있는 은혜가 너무 많다'는 사실을 깨달은 은혜였습니다. '말은 당연히 하는 것이고 눈으로는 보고, 다리로는 걷고 손은 움직이고, 의식은 당연히 있어야 하는 건가?'라는 의문이 들었습니다. 그때 저는 제가 지금 참으로 많은 것을 누리며 살고 있음을 깨달았습니다. 저는 남들이 부러워할 만큼 부자도 아니고, 사는 집도 크지 않고, 아내와의 나이 차이는 4살밖에 나지 않고, 경치 좋은 곳에 어디 개인 별장 하나 없습니다.

그런데 저는 어떤 상태입니까? 저는 하나님 자녀가 되었고, 그분과 동행하고 있습니다. 육체적으로 죽을 뻔 했다가 살아났고, 착하고 예쁜 아내와 듬직하고 똑똑한 아들과 친구 같은 귀여운 딸이 있고, 편안한 집이 있고, 좋은 차가 있고, 만족하는 일터가 있습니다. 그리고 저는 말을 할 수 있고, 걸을 수 있고, 뛸 수 있고, 생각하고, 기억할 수 있으며, 볼 수 있고, 숨도 쉴 수 있습니다.

잘사는 게 어찌 죄가 되겠습니까? 다만 제가 누리는 게 다 어디서 온 것인가? 누구의 것인가? 소유는 더 큰 소유를 향한 욕심을 낳고, 그 탐욕은 주님을 향한 마음을 가리고 그렇게 땅에 집착하는 삶은 결국 주님에게서 멀어질 수 있음을 깨달았죠. 제가 주님만 바라보고 산다면 주님이 제게 허락하시는 게 무엇이 됐든 그것은 다 선하고 유익이 되지만 제가 세상 욕심만 좇아 산다면 그것이 아무리 좋은 것이라 해도 제게는 결코 복이 되지 않을 것입니다. 그분이 진정 내게 원하시는 것은 '감사함으로 그분께 집중하고 나를 내어드리는 삶'입니다.

감사는 주님 안에서 평안을 낳고, 그 평안은 분명 더 큰 감사의 제목들로 나갈 수 있도록 저를 도울 것입니다. 반면, 제가 감사를 잃고 살면 분명히 저는 제가 못 가진 것에 더 집착할 것입니다. 그런 삶은 결국 저를 수고의 철창 안에 가두고, 주님을 외면하는 삶으로 몰아갈 것입니다.

주여 제게 너무 많은 것을 주셔서 감사합니다. 만족하여 함께 나누게 하소서, 제가 이땅에 사는 동안 주께서 잠시 맡기신 모든 감사의 보물들을 땅에 묻어 두지 않고 하늘에 쌓도록 이끄소서!

내가 주를
사랑하나이다

11 / 일단 교회라도 가야 뮈라도 하나 건지지 않을까요?

    교회 안에 가만히 앉아있는 신의 이름이 '하나님'이 아니라 '성도들이 모인 교회'에도 하나님이 계신 것입니다.

    세상 종교는 특정 성지나 사원, 의식을 중시합니다. 신이 거기에 머물고 있다고 믿기 때문입니다. 어떤 종교는 신전에서 주문(呪文)을 외어 신을 부르기도 하고 득도(得道)를 위해 애쓰기도 합니다. 그러나 하나님은 십자가 형상이나 건물 안에 갇혀 있지 않습니다. 또한 하나님은 우리의 공로로 만날 수 있는 분도 아닙니다. 성도는 오직 은혜로 하나님 자녀가 되고, 자녀가 되니 그분을 경배하기 위해 (편의상 비바람을 피할 수 있는 건물 형태의) 교회에 가는 것뿐입니다.

그렇다면 하나님이 마음에 와 닿지도 않는데 왜 꼭 교회에 가야 합니까? 교회 가서 예배를 드리고 말씀을 접하다 보면 예수님을 인격적으로 만날 확률이 높아지기 때문입니다. 하나님은 수고로이 교회까지 나와 예배를 드리는 당신을 매번 무시하고 빈손으로 돌려보내지는 않을 것이라 저는 확신합니다.

많은 분들이 하나님에 대해 스스로 잘 알고 있다고 생각합니다. 하지만 제 주변에는 아직 하나님에 대해서도, 천국에 대해서도 정확하게 전해들은 바가 없는 분들이 훨씬 더 많습니다. 천국에 가면 두 가지로 놀란다는 거 아닙니까? '아니 어찌 저런 인간이 여기에…' '아니 왜 그 착한 사람은 안보여?' 성경은 우리가 천국 가는 조건이 교회 뜰을 매일 밟는 것과 착한 행실을 쌓는 것, 헌금을 많이 내는 것과 내가 모태신앙인 것과 반드시 일치하지 않음을 분명히 말해 주고 있습니다.

"교회에 갑시다." 라고 했을 때 "나도 예전에 교회에 다녔고 집사까지 한 사람이니 너무 애쓰지 말라"는 분도 계십니다. 우리는 상대가 뭐라고 하든 '예수를 믿으라.'고 계속 권합니다. 그 복음의 씨앗이 어떤 마음 밭에 떨어져서 어떤 결실을 맺을지 사실 저희는 모르기 때문입니다.

제 경우 전도를 하면 "이상하게 제게 교회에 나가라고 하는 분이 요즘 부쩍 많네요. 마침 친구가(혹은 어머니가, 아내가, 가족이, 직장 동료가, 후배가, 선배가, 친척이) 제게 계속 전도를 하는데 김 박사님이 오늘 제게 비슷한 말씀을 하시네요."라는 말을 자주 듣습니다.

그렇게 변할 것 같아 보이지 않던 사람이 변하는 것을 저는 많이 봅니다. 등 떠밀려 얼떨결에 몇 번 나갔던 예배당에서 생각지도 않게 주님을 영접하는 경우도 있습니다. 정말 아무 기대조차 안했던 그 평범한 예배 중에 주님이 주시는 어떤 특별한 감동을 받기도 합니다.

술에 취해 새벽녘 집에 들어오다가 새벽기도 나가는 아내와 마주쳐 술도 덜 깬 상태에서 교회에 갔던 그 미명의 아침에 바로 주님을 만나고 이후 장로님이 된 분도 있습니다. 아내가 교회에 너무 빠진 것 같아 그 수상한 집단의 비리를 캐 보고자 교회에 나갔다가 결국 하나님을 만나고 이후 목사가 된 분도 있습니다. 여름 성경학교에 친구 따라 놀러 갔다가 예수님을 만난 중학생도 있고, 자살하기 전 난생 처음 드렸던 예배 중에 성령님을 만난 분도 있습니다. 죽지 못해 사는 좌절의 터널 속에 극동방송을 듣던 중 주님을 만난 장애인도 있습니다.

저와 함께 주일학교를 섬기는 동료 선생님은 어느 날부터 이상하게 자꾸 교회에 가보고 싶은 마음이 들어 두어 번 예배를 드렸다가 결국 지금은 부모님과 부인, 자녀들 모두 하나님을 믿게 되었습니다. 놀라운 것은 그 댁은 뿌리 깊은 불교 집안이었다는 것입니다. 며느리의 전도로 완고한 유교 집안의 시부모와 온 가족이 예수를 믿게 된 가정도 있고, 무속인이 되었다가 하나님을 영접한 분도 있습니다. 제가 아는 어떤 분은 우연히 친구에게서 빌린 찬송가CD가 마음에 꽂혀 회심을 했고, 또 어떤 분은 여행 중에 열차 안에 누가 흘리고 간 신앙서적을 주워 읽다가 하나님을 만났습니다. 제가 아는 또 다른 분은 '나 같은 죄인 살리신 주 은혜 놀라워' (Amazing Grace)를 반복해서 들으며 라이딩을 즐기다 자전거 위에서 예수님을 만났습니다.

저도 작은 노트북을 켜 놓은 저희 집 식탁 위에서 예수님을 이렇게 '진하게' 만날 줄은 몰랐습니다. 하나님은 이루 다 말할 수 없이 다양한 방식으로 우리를 부르십니다.

이번 주에 교회에 꼭 가보시죠! 학교에 가서 수학책을 펴고 수업이라도 들어가 함수든 수열이든 '수학의 원리'를 접하지 않겠습니까? 교회라도(?) 가서 목사님 설교라도(?) 들어야 '성경의 진리'를 접하고 뭐라도 소중한 걸 하나 건지지 않겠습니까?

그러므로 믿음은

들음에서 나며

들음은 그리스도의 말씀으로 말미암았느니라

(로마서 10장 17절)

12 / 종교를 하나쯤 갖는 것도 나쁘지는 않겠네요

"종교를 하나쯤 갖는 것도 나쁘지는 않겠지요."라고 말하는 분들을 봅니다. 예수 믿고 교회 가는 것을 조금 고상한 취미 정도로 본다면 우리는 전혀 급할 게 없습니다. 또 천국 가는 게 기독교의 전부라면 죽기 바로 직전에 예수를 믿는 게 가장 효율적(?)일 것입니다.

사람들은 지금도 자신의 입맛에 맞는 종교를 찾으려고 합니다. 인생의 액운을 피하고 아무 탈 없이 잘 살기 위해 종교를 탐색합니다. "아직은 아니지만 나이가 좀 더 들면 성당(천주교)이나 교회(기독교) 중 하나를 택하겠다."는 분도 계십니다. 사람들은 택시 한대 부르듯 자기가 하나님을 콜할 수 있다고 생각합니다. 물

론 최종 결심은 본인에게 있겠지만 제 경우를 보면 그것은 오직 그분의 이끄심과 긍휼이었습니다. 사람이 하나님을 쇼핑하는 게 아니라 그분의 부르심의 은혜 앞에 우리가 순복하는 것입니다. 그분을 향해 우리 마음이 열리는 계기와 경로야 다양하겠지만 우리가 너무 도도하게 그분을 택하려고 하면 그분이 좀 당황하실 것도 같습니다. 그러니 주님을 만나러 가는 우리의 허리와 목의 각도를 약 5도만 살짝 굽히면 안 될까요?

> 너희가 나를 택한 것이 아니요 내가 너희를 택하여 세웠나니
> 이는 너희로 가서 열매를 맺게 하고.
>
> (요한복음 15장 16절 상반절)

저 같은 경우 예수가 이 땅에 오셔서 내 죄 때문에 피 흘리셨음을 믿으니 기독교가 더 이상 여러 종교 중의 하나가 아니었습니다. 구원의 비밀이 풀리고 나니 기독교가 왜 배타적인지 새삼 알게 되었습니다. 그 배타성은 유대인의 선민의식과는 다릅니다. 우

리는 모두 이방인이며, 하나님 자녀가 되는 것은 온 인류에게 오픈되어 있기 때문입니다. 유대인들은 지금도 (영이 아닌) 혈통적으로 배타적이며, 하나님의 아들인 예수님에 대해 배타적입니다. 오늘날 참된 기독교인들은 다만 예수님 이외의 모든 우상에게 배타적일 뿐입니다.

종교를 하나쯤 갖는 김에 기독교를 선택 하는 게 아니라 주님을 만나니 자신도 모르게 이미 그리스도인이 되어 있는 것입니다. 제 경우 기독교인이 되게 위해 예수님을 따르고 사랑하려고 노력한 것이 아니라 그리스도인이 되었기에 예수님을 사랑하고 따르고 싶어질 뿐입니다.

> 아들의 순종은 구속주로서의 순종이었습니다.
> 아들이 되기 위해 순종한 것이 아니라
> 아들이기 때문에 순종하셨습니다.
> (오스왈드 챔버스 Oswald Chambers, 1874~1917,
> 주님은 나의 최고봉에서)

13. '저는 기독교가 정말 싫어요!'라고 말씀하는 분들께

　미식축구리그 스타 출신으로 지금은 프로야구 선수로 전향한 팀 티보(Tim Tebow)는 "하나님께서는 작은 나를 통해 큰일을 하신다."고 고백합니다. 그는 〈John 3 : 16〉을 새긴 아이블랙(눈 밑에 붙이는 패치)으로 유명합니다. 요한복음 3장 16절 : 하나님이 세상을 이처럼 사랑하사 독생자를 주셨으니 이는 그를 믿는 자마다 멸망하지 않고 영생을 얻게 하려 하심이라… 티보는 "이 말씀이 선수생활 중 나를 인도하고, 경기장에서 하나님을 전할 수 있도록 영감을 주었다."고 말합니다. 그가 경기에서 뛰는 날 요한복음 3장 16절은 구글에서 1억 건 넘게 검색되었다고 합니다. 그는 27세에 필리핀에 병원을 짓고 어린이 치료사역을 하고 있습니

다.('거침없이 주를 향해', 시공사, 2012)

한편 메이저리스 LA다저스의 에이스투수 클레이턴 커쇼(Clayton Kershaw)는 부인 엘런과 함께 아프리카 잠비아에 예수님을 전하는 고아원을 지어 운영하고 있습니다. 그는 자신의 책('커쇼의 어라이즈', W미디어, 2013) 머리말에서 "예수님에 대한 믿음으로 세상을 바라보면 세상이 완전히 달라 보입니다. 그러면 인생에서 돈과 지위가 전부가 아님을 깨닫게 됩니다."라고 말합니다. 그리고 그는 고백합니다. "저는 주님의 선발투수입니다."

티보나 커쇼는 젊지만 개인의 구원을 넘어 주님과 하나 되어 이웃을 깊이 사랑하고 주님을 전하는 참 그리스도인인 것 같습니다. 하지만 제 주변에는 교회나 기독교인에 대해 여전히 좋지 않은 감정을 지닌 분도 많습니다. "기독교에 대한 제 인식은 썩 좋지 않아요. 경기장에서 무릎 꿇고 기도하는 모습이나 수상소감 등에서 '주님 은혜에 먼저 감사드립니다.'라고 말하는 걸 들으면 심히 거북합니다. 신이 자기네만 축복한다고 믿는 것은 좀 이기적이죠." "솔직히 기독교인들은 관용이 없잖아요. 다른 종교를 전혀 인정하지 않는, 앞뒤가 꽉 막힌 사람들 아닌가요?"

예. 믿는 티를 내는 사람들이 기독교인 맞기는 맞습니다. 그런데 이들이 그러는 데에는 이유가 있습니다. 진정한 그리스도인의 관심은 오직 주님을 높이는 데에만 집중돼 있습니다. 자기 삶이 그분께 내어드려 사용되어짐이 기쁨인 것 입니다.

좋은 선물을 받았기에 감사하는 게 아니라 오직 함께해 주심에 감사하는 것입니다. "하나님... 저의 이 열매가 곧 하나님 영광입니다. 저는 오늘 이 경기장에 파송된 주님의 선교사입니다. 이 작은 결실로 하나님 이름이 높아지고 복음이 전파되기를 기도합니다." 골을 넣은 그리스도인 축구선수의 꾸밈없는 기도입니다.

어떤 분들은 이렇게 말합니다.

"기독교에 대한 제 인식은 나쁘지 않습니다. 하지만 굳이 교회에까지 가서 설교를 들을 것까지야 있나요? 유튜브에 올라와 있는 좋은 목사님 말씀도 얼마나 많은데요. 저는 너무 종교 형식에 얽매여 살 필요는 없다고 봅니다."

"조용히 설교나 듣고 오면 모를까... 근데 막상 어디 그렇게 되나요? 또 자칫 교회를 잘못 선택이라도 하면 그것도 문제죠. 요즘 이상한 목사도 얼마나 많습니까?"

"저는 헌금이 부담됩니다. 솔직히 십일조도 자신 없고요. 그런데 교회헌금은 투명하게 잘 사용되고는 있나요?"

위 분들의 공통점은 교회를 너무 사람 중심으로 보고 계시다는 것입니다. 제가 교회를 권하는 이유는 오직 '하나님과의 만남과 예배'입니다. 예배를 통해 우리는 거듭나고 그분과 하나됨을 느낍니다. 앞의 티보의 말대로 예수님을 만나면 그분께서 '작은 나를 통해 큰일을 하시는 것'을 체험합니다. 우리는 그 맛에 예수를 믿습니다.

예수님과 하나 된 사람은 교양 삼아 모바일 기기로만 설교를 듣지는 않습니다. 그런 사람은 이상한 목사나 헌금 걱정부터 먼저

하지 않습니다. 예수님과 내가 하나가 되면 교회 안에서 어떤 불편한 모습들이 보일지라도, 혹은 세상보다도 더 못한 교회의 모습을 보더라도(물론 주님을 욕되게 하는 일이지만) 그것은 '하나님과 나와의 관계와는 상관이 없는 일'입니다.

이 세상 교회가 모두 불완전한 것은 오직 천국 교회만이 완전하다는 것을 일깨워 주는 하나님의 음성일 수 있습니다. 진실한 예배자로서 내 삶 전체를 주님께 온전히 드리고 싶은 마음만 들면 나머지는 그분이 다 해결해 주십니다. 핵심은 '나와 주님과의 만남이고, 그분과의 하나 됨이며, 창조주와의 가슴 찡한 교제'입니다.

나와 내 백성이 무엇이기에
이처럼 즐거운 마음으로 드릴 힘이 있었나이까
모든 것이 주께로 말미암았사오니
우리가 주의 손에서 받은 것으로 주께 드렸을 뿐이니이다.
(역대상 29장 14절)

14 저는 대단한 경지에 올라 예수님을 만나지 않았습니다

높아진 마음에는 하나님이 올 수 없습니다. 예수가 이 땅에 왔을 때 머물 방이 없었듯이 자랑과 교만이 자리를 잡은 곳에는 거룩함이 머물 자리가 없습니다. 주님이 머무는 성전이 되기 위해 우리는 마음을 낮춰야 합니다.

(존 스토트의 '기독교의 기본진리'에서.)

저는 주님께 온전히 기대는 마음으로 찬송을 부를 때, 그저 그분 앞에 한없이 쪼그라드는 느낌으로 예배를 드릴 때 주님을 더욱 가까이 느낍니다. 하나님은 이 책을 읽으시는 당신께 지금 '어떤 감동'을 주실 것입니다. 그 감동은 바로 그분께 경배할 준비가 되어있는 겸손한 당신을 향한 주님의 귀한 음성입니다.

저는 몇 년 전, 하나님을 모르고 산 것과 벌레 같은 저를 만나주신 그 은혜에 감사해 울었습니다. 그 눈물은 감상적 신파극이 아니라 회개와 감사의 언어였습니다. 우리는 그 누구도 하나님을 감히 아버지라 부를 수 없는 '상태가 매우 안 좋은' 사람들입니다. 죄의 경중이나 착하고 덜 착하고의 문제가 아닙니다. 그런 우리를 다시 그분과 이어 주신 분이 바로 예수님입니다.

교회에 안 나가시는 어느 친한 선배가 저에게 "그래도 당신은 교회를 수십 년 다녔으니 그런 경지에 이른 것 아니냐? 나는 아직 그런 수준이 못 된다."고 말씀하셨습니다.

저는 거룩한 생활과 착한 행실로 지금 하나님을 아버지라 부르고 있는 게 절대 아닙니다.

솔직히 묻겠습니다. 진짜 주님 자녀 되기 원하시나요? 그럼 버리십시오. '죄가 많아서… 이래서 교회가 싫고. 저래서 기독교가 싫고.' 등등의 생각을 다 던지시는 겁니다. 대신 내가 '조금만' 낮아지는 겁니다. 주님은 그때 그 겸손한 당신께 빛을 비추어 주십니다. 겸손은 사람 앞의 겸양이 아니라 하나님 앞에서 '내가 죄인이 아니라는 교만을 버리는 것'을 뜻합니다. 지식으로 예수를 만나냐고요? 선행과 거룩함의 훈련으로 예수를 만나냐고요? 기적이 보여야 하나님을 인정하시겠다고요? 순서가 바뀌었습니다.

예수를 뵈니 그분을 아는 지혜가 더해집니다. 하나님을 만난 후 이상하게 선한 행실이 당깁니다. 예수님이 나의 구원자임을 받아들이니 일상의 기적을 체험합니다. 우리에게 죄가 없어야 예수를 만나는 게 아니라 내가 대책없는 죄인임을 느낄 때 예수를 만납니다. 저는 다음 찬송을 제일 좋아합니다. 제 진정 소원은 세상을 살면서 좀 더 경건해지거나 사람들로부터 더 존경을 받는 게 아니라 저를 바라보고 계신 주님만 있는 그 자리에서 더욱 사랑하는 그것입니다.

내 구주 예수를 더욱 사랑 엎드려 비는 말 들으소서
내 진정 소원이 내 구주 예수를 더욱 사랑 더욱 사랑.

(찬송가 314장)

15 / 살살 믿어라. 세게 믿다 다칠라···
저는 광신도가 아닙니다

    어떤 분이 "당신, 예수를 믿으려거든 좀 살살 믿어라."라고 조언해 주셨습니다. 그분은 제가 점점 광신도 같아지는 게 좀 걱정되셨나 봅니다. 실은 저는 주님 앞에 너무 게을러빠진 종이라 쥐구멍에라도 들어가고 싶은 심정인데 말이죠. 어디까지가 '살살'이고 어디부터 '세게'인지는 잘 모르겠지만 '예수를 세게 믿는 것'은 참 축복이라 생각합니다. 여기서 사람들의 평가는 사실 중요하지 않습니다. 세상 온갖 걱정과 욕심을 가득 안고서 하나님께 그 염려의 해결과 탐욕의 성취를 간구하며 사는 게 '세게 믿는 것'은 아니지 않습니까?

또 어떤 분은 "내가 당신이 기독교 신자인 걸 존중하는 것처럼 당신도 내가 무신론자인 것을 좀 존중해 줬으면 좋겠다."라고 말씀하셨습니다. 하지만 상대방 마음에 예수가 없음을 보면 "아! 저 분께 내가 만난 예수님을 어떻게 전해야 할까?"라는 생각이 먼저 듭니다. 또 예수님을 잘못 알고 계신 분들을 보면 "저 오해를 어떻게 풀어 드려야 하나?"하며 가슴이 답답해집니다. 그래서 입을 열다 보면 '저 친구, 종교에 너무 빠져 있는 것 아냐?'라는 인상을 줄 수 있겠죠.

사실 하나님 자녀 되는 조건은 좀 어이 없을 정도로 쉽습니다. '너무 쉬워서 어려운' 그 진리를 알게 된 것이 은혜임을 깨달은 성도는 그 다음 순종의 자리로 나아갑니다. 그 거저 받은 사랑을 전하는 것은 먼저 자녀 된 자들의 거룩한 특권이자 의무이며 자랑입니다.

진심으로 하나님을 바라보는 자는 자기 자신을 자랑하거나 자기의 어떤 것도 그분 위에 올려놓을 수 없게 됩니다. 내가 오직 자랑할 것은 예수님 십자가요, 복음밖에는 없게 됩니다. 그러다보니 그리스도인은 자기가 가장 자랑하는 복음을 전하려고 합니다. 마치 자신이 부자요, 대단한 권력자임을 자랑하고픈 마음과 꼭 같습니다. 그래서 저 같은 게으르고 덜 떨어진 그리스도인까지도 사람들에게는 '살살 믿지 않는 꼴통'으로 비춰지는 모양입니다.

저는 이 편지를 통해 성경지식을 당신께 전할 역량은 없습니다. 대신 저는 제가 만난 예수님은 살아계신 하나님이시며, 우리가 '결코 살살 믿을 가벼운 존재'가 아님을 전하고 싶을 따름입니다. 취미나 심심풀이 땅콩으로 그분을 사귀기에는 격(格)이 맞지 않다는 것입니다.

쉿! 한 가지만 살짝 고백할게요. 사실 저는 예수님 자녀 될 만한 그런 인간이 못됩니다. 속으로는 썩었고, 거짓되고 욕정에 가득 찬 사람입니다. 아! 제가 겉으로면 전혀 그렇게 안 보인다고요? 바로 거기에 핵심이 있습니다.

웬만하면 독설을 안 하시는 예수님이 저 같은 사람을 시체 썩는 냄새 나는 무덤 같다며 질책하셨습니다. 그런 가증한 저를 예수님은 친히 찾아와 만나 주셨고, 아무 조건 없이 손을 잡아 일으켜 세워 주셨습니다. 물론 지금도 여전히 허물로 꽉 찬 저를 향해 '괜찮다. 내가 너를 사랑하노라' 하시며 꼭 안아 주십니다. 그 조건 없는 사랑의 하나님이 바로 제가 만난 예수님입니다. 그리고 그 예수님이 지금은 당신 손을 부여잡고 간곡히 말씀하고 계십니다.

"내가 너를 너무 사랑하는구나! 내가 너를 반드시, 꼭 구원하고 싶구나. 너를 내 자녀 삼고 싶구나!"

못 이기는 체 지금 주님의 그 내민 손을 잡으시고 기왕이면 부디 그분을 '세게' 믿으시길 소원합니다.

**어린아이들과 같이 되지 아니하면
결단코 천국에 들어가지 못하리라**

(마태복음 18장 3절 중에서)

많은 분들이 예수를 맹목적으로 '믿기'보다는 이성적으로 '알려' 합니다.

하지만 예수님에 대한 접근은 어린아이처럼 '맹목적'인 게 맞습니다.

주님을 만남은 내 계산이 아니라 단지 그분의 은혜입니다.

기독교 지식이나 역사, 인문학적 소양이

주님을 아는 데 도움은 되겠지만 믿음의 조건은 아닙니다.

예수를 믿게 됨은 오직 그분의 십자가 공로덕택입니다.

우리가 그 긍휼 안으로 들어가기 위한 바람직한 자세는

그저 자신이 죄인이라는 '맹목적'인 겸손뿐입니다.

16 / 주일학교를 섬기니 오히려 아이들에게서 예수님을 배웁니다

제가 영적으로 변화된 지 한 반년쯤 지났을 때였습니다. 무작정 주일학교 부장선생님을 찾아가 "화장실이라도 청소하려는 마음으로 왔다"고 하니 흔쾌히 받아 주셨습니다. 저는 주일학교를 섬기기에는 자격이라고는 도무지 없는 사람입니다. 교사가 된 지 얼마 안 되었을 때 '아… 말귀 좀 알아듣는 고등부 정도는 가서 가르칠 걸, 내가 이러려고 교사를 했나?'라는 회의감도 들었습니다.

하지만 지금은 주일날 아이들을 만나는 게 참으로 기다려집니다. 아이들이 예배의 자리로 나오는 것만으로도, 그 찬양하는 얼굴을 바라보는 것만으로도 저는 눈물이 나올 정도로 감사하고 아이들로 인해 은혜를 받습니다. 아이들과 함께 예배를 드리고 성경학교를 몇 차례 거치는 동안 저는 주님이 왜 이런 아이들을 섬기라고 하셨는지를 깨우쳐 갔습니다. 제가 아이들에게 성경지식 하나 더 주입하는 게 핵심이 아니라는 것도 알았습니다.

아이들이 커서 "잘 기억은 나지 않지만 그래도 그때 주일학교 예배가 지금 나를 이렇게 주님과 온전히 하나 된 예수님 자녀로 만들었겠구나. 그때 무릎 꿇고 기도하시던 그 선생님처럼 나도 지금 눈물로 주님께 기도하고 있습니다."라고 고백하도록 제가 이 아이들 믿음에 아주 작은 밑거름이 되어 준다면 그것으로 족하고도 남을 뿐입니다.

아이들은 생각보다 순수합니다. 아이들은 성경을 군소리 없이 그냥 그대로 믿습니다. 아이들은 자기 지혜를 예수님 말씀보다 앞세우지 않습니다. 어린이들은 어른들처럼 성경을 복잡하게 해석하지 않습니다. 어린이들은 '예수님이 나를 위해 죽으셨고 부활하셨다'는 복음의 핵심에만 집중합니다. 아이들은 '예수님이 내게 너무 소중하고 감사한 존재'라는 진리만을 고백합니다. 그렇습니다. 머리가 아니라 가슴으로 느끼는 게 중요합니다. 아이들이 커서 혹여 교회를 잠시 떠나고 어쩌다 예수님을 잠시 잊는다 해도 어린 시절 그때 그 주일학교 추억은 반드시 그 아이를 다시 믿음의 자리로, 예배와 찬양의 자리로 불러들일 것이라 저는 굳게 믿습니다.

한번은 제가 수술을 받고 교회에 다시 나왔을 때였습니다. 그 전 해 저희 반 장난꾸러기 남자 아이가 지나가다가 저와 마주쳤습니다. 저에 대한 소문을 어디서 어떻게 들었는지 대뜸 "선생님 뇌종양 걸려서 죽어요?" 저를 좀 불쌍히 쳐다보더니 "선생님… 힘내세요… 제가 선생님 위해 기도해 드릴게요." 저는 그때 그 아이 입에서 그런 말이 나올 줄은 꿈에도 생각하지 못했습니다. '응, 고맙다… 근데 선생님 바로 죽지는 않을 것 같아.' 계단을 무너지랴 와다닥 뛰어올라 가는 그 예쁜 친구의 뒷모습을 보며 눈물이 그만 핑 돌았습니다. '고맙다. 하나님이 내 기도는 안 들어주셔도 너의

순수한 기도는 꼭 들어 주실 것 같구나.'

 어떤 해에는 저희 반에 유독 일이 많았습니다. 연초에 저희 반 아이 어머님이 갑자기 돌아가셨다는 소식을 접했습니다. 참 신실한 어머님이셨는데 갑자기 의식을 잃고 하루 만에 주님의 부르심을 받았다니 참으로 황망했습니다. 성품도 정말 좋고, 매주 예배에 빠지지 않는 그 멋진 아이에게 저는 무슨 위로를 어떻게 해야 할지 몰랐습니다. 그때 저는 주일학교 교사로서 처음으로 반 아이를 위해 피눈물을 쏟는 심정으로 간절히 기도해봤습니다. "하나님! 그 가정에 참된 평안과 위로를 주시고 그 친구가 주님 안에서 멋지게 자라 크게 쓰임 받기를 예수님의 이름으로 간절히 기도합니다."

 같은 해 초 여름 어느 날 우리 반 아이로부터 연락이 왔습니다. "선생님… 아무개가 교통사고로 쓰러져 의식이 없대요." 병원에 달려가 보니 부모님은 사색이 되어 앉아 계셨고, 아이는 응급수술

중이었습니다. 중상을 입고 의식이 없는 상태라는 말을 들으니 그만 온몸에 힘이 쭉 빠졌습니다. 그때 저는 수술실 문에 머리를 처박고 눈물로 기도하는 것 외에 할 수 있는 게 없었습니다. 시간은 좀 걸렸지만 기적처럼 말끔히 나아 지금은 건강하게 잘 지내고 있습니다. 저는 그때 제 치료 과정에서와 같이 살아 계신 주님을 느꼈습니다. 그 일을 계기로 아이 부모님이 믿음생활을 다시 하시기로 결단하셨습니다. 그 가정에 주님 은혜가 넘치고, 그 예쁜 주님 딸에게 평생 하늘의 축복이 가득하기를 간절히 기도합니다.

최근 몇 년 간은 제 대학생 딸이 주일학교 같은 부서를 함께 섬겼습니다. 저는 모든 청년선생이 참 예뻐 보입니다. '저 나이에 나는 그저 세상에 빠져 술이나 마시고 있었는데 저들은 하나님을 알고 교회를 사랑하는구나…' 라고 생각하니 청년들이 참 부럽고 예쁘기 그지없습니다.

아이들은 저 같은 늙은 선생보다 언니, 오빠, 형 같은 선생을 훨씬 잘 따르고 좋아합니다. 스스럼없이 장난치고 보기에도 참 좋습니다. 저희 부서에 청년 선생님들이 없다면 아이들과 소통도 잘 안되고 주일학교 분위기도 꽝일 것 입니다. 다만 제가 젊은 척 하고 있다가 아이들이 다가와 "희원 샘이 정말 샘 딸이에요?"라며 놀라 물어볼 때면 나이를 그만 들킨 것 같아 좀 그렇긴 합니다.

 아무튼 이 땅의 젊은 청년, 믿음의 형제자매들, 너무 귀한 청년 선생님들… 모세처럼 기도하고 여호수아처럼 행동하는 멋진 십자가 용사들이 되기를 기도합니다. 그들의 앞길을 하나님의 활짝 열어 주시되 오직 주님만 경외함으로 밝고 형통한 삶이 펼쳐지기를 간구합니다. 주님이 이들의 삶을 사용해 주셔서 하늘의 열매를 가득 맺어 주시기를 예수님 이름으로 간절히 기도합니다.

17 / 구약의 하나님은 으스스했고, 신약의 예수님은 아리송했습니다

예수를 언제부터 믿게 되었냐고 물으시면 저는 '하나님이 빛을 비춰 주셨을 때부터'라고 대답합니다. 하나님에 대한 3무, 무지(無知)와 무관심(無關心)과 무신(無信)으로 인해 저는 오랜 기간 어둠에 갇혀 살았습니다. 예수를 안 믿다가 믿는 상태로의 변화, 그 '~from'에서 'to~'의 신비를 저는 지금 멋지게 표현할 문장력이 없습니다. 다만 제가 자신 있게 말씀드릴 수 있는 것은 예수님을 보는 눈이 뜨이고 나니 비로소 제가 그간 빛이 없는 어둠 속에서 살았다는 것이 깨달아졌다는 사실입니다. 왜 그 전에는 그게 어둠이었음을 몰랐는지 저도 이해가 되지 않습니다.

곧 하나님은 빛이시라

그에게는 어둠이 조금도 없으시다는 것이니라.

(요한일서 1장 5절)

하나님을 믿는 사람들은 빛으로 오신 예수님을 이웃에게 증거하려고 버둥거립니다. 만약 제가 성경공부를 아주 열심히 해서 시험에 통과해 예수님을 만났다면 저는 지금 성경 퀴즈집을 잔뜩 복사해 가지고 다니며 전도했을 것입니다. 저는 성경 목차도 몰랐고, 예수님이 누구인지 한편으로는 알았지만 동시에 잘 모르기도 했습니다. 이스라엘의 장구한 역사와 수많은 헷갈리는 인물들이 왜 거기에 등장하는지 괜히 좀 짜증까지 났습니다. 가끔 설교 때 듣는 구약의 하나님은 약간 으스스했고, 신약의 예수님은 그 비유의 말씀이 신비롭다기보다는 아리송했고 좀 못마땅했습니다.

태초에 하나님이 천지를 창조하시니라.

(창세기 1장 1절)

예수를 믿고 보니 저는 성경은 '지식'이 아니라 그냥 '진리'임을 알았습니다. 그래도 성경에서 제일 마음에 와 닿은 지식이 있다면 그것은 '하나님이 세상을 창조하셨다.'는 지식입니다.　세상을 만드신 그 분이 하나님이심을 아니 그 나머지는 모두 각론에 불과하다는 것을 알았습니다. 영원 전부터 스스로 계셨고, 온 우주를 만드신 그분이 마음만 먹으면 무슨 일인들 못하시겠습니까? 하나님이 인간의 몸으로 이 땅에 오심과 부활하심이 그분께 뭔 기적이겠습니까? 또한 지금 이 순간 우리 형편을 어찌 속속들이 다 모르고 계시겠습니까?

　주님이 빛으로 제게 오시고 나니, 저는 구약의 하나님은 사랑의 하나님이셨고 신약의 예수님도 바로 그 같은 사랑의 하나님이심을 깨우쳤습니다.

　예수님이 이 땅에 오신 다음 2000년동안 수많은 기독교인들은 심오한 성경지식이 아니라 빛으로 오신 하나님을 만났습니다.

　깊은 성경지식이 있어야 주님을 믿고, 그의 자녀가 되고, 전도와 선교를 하고, 순교를 했다면 기독교인은 모두 신부님이나 목사님이나 성경학자였어야만 합니다.

18 / 저는 주님을
과학적으로 발견하지 않았습니다

이 백성은 내가 나를 위하여 지었나니

나를 찬송하게 하려 함이니라.

(이사야 43장 21절)

하나님이 인간을 지으신 의도는 우리 생각과는 좀 다른 것 같습니다. 성경을 보니 하나님은 원래 인간과 영원히 낙원에서 함께 살고, 당신이 지으신 사람들의 예배를 받기 원하셨습니다. 왜 하필이면 그런 목적이냐고 따지는 것은 좀 그렇습니다. 마치 토기가 토기장이에게, 바이올린이 자기를 만든 장인에게 항변하는 것과 같습니다. 성경을 보니 하나님은 인간을 원래 노예나 로봇처럼 만들지 않으셨습니다. 자신의 형상대로 지으셨고, 인간을 절절히 사랑하신 것 같습니다.

> 우리는 진흙이요 주는 토기장이시니 우리는 다 주의 손으로 지으신 것이니이다.
>
> (이사야 64장 8절)

저는 미신을 싫어한다고 하면서 몇 년 전까지 조간신문의 오늘의 운세로 하루를 시작했고, 점집도 갔고, 웃고 있는 돼지머리에게 절도 했고, 제사도 지냈습니다. 다 교회를 다니면서 했던 행각입니다. 많은 사람이 여전히 해와 달과 큰 돌 뭉치 앞에서 소원을 빕니다. 그 어디에도 영적 생명의 증거라고는 찾아볼 수 없는 죽은 바위와 일출 앞에서 손을 비비는 것이 미신인가요? 아니면 살아계신 증거가 너무나도 뚜렷한 하나님과 구체적으로 교제하는 것이 미신인가요?

미신을 싫어하는 분들은 반대로 과학으로 종교를 접근합니다.

저는 인간의 지식 세계가 창조주를 완벽하게 이해할 정도로 과연 높은지를 한번 생각해 봅니다. 인간은 겨우 우주 먼지 조각 같은 태양계와 지구를 보고 경외하는 수준입니다. 수백억 광년으로 짐작되는 우주너비에 우리는 그저 할 말을 잃습니다. 사람이 만약 우주를 만든 그분을 뛰어넘을 정도로 똑똑하다면 우리가 바로 하나님이어야 합니다. 만약 하나님이 세계적인 석학이고 우리가 그저 유치원생이라면 우리는 아마 그분 강의를 1%도 이해하지 못할 것입니다. 우리가 하나님과 비슷한 수준(level)이라고 생각하는 것은 정말 착각중의 착각입니다.

간혹 어떤 분은 하나님을 이성적으로 탐구합니다. 물론 종교심은 하나님을 발견하는 좋은 출발점일 수는 있겠지만 성경에 의지하지 않는 하나님 연구는 마치 대한민국에서 다른 나라 네비게이션을 의지해 길을 찾는 것과 같습니다. 하나님은 성경을 통해서 자신을 알려주고 계시하십니다.

성도는 과학적이고 체계적인 탐구활동 끝에 그분을 뵌 사람들이 아닙니다. 그들은 말 그대로 하나님을 '만난' 사람들입니다. 엄밀히 말하면 '하나님이 만나 주신' 사람들입니다. 어떤 저명한 과학자도 하나님의 존재와 임재를 과학적으로 입증할 방도는 없습니다. 그들 역시 과학적으로 하나님을 발견한 게 아니라 단지 '믿음으로 믿었을 뿐'입니다. 하나님이 모든 과학의 원리를 만드신 분인데 그분이 만든 과학의 일부를 도구 삼아 거꾸로 하나님을 도출하고 설명하려는 것은 애당초 모순입니다.

과학과 지식으로 하나님을 알 수 있다면 모든 훌륭한 과학자나 지식인은 한 사람도 빠짐없이 그리스도인이 되어 있어야만 합니다. 동시에 못 배운 사람들 중에는 기독교신자가 한 명도 나오지 말았어야 합니다.

인간이 눈으로 볼 수 있는 빛은 대략 380~780 나노(nano)미터 범위의 광선이라고 합니다. 또한 사람은 돌고래나 박쥐가 내는 초음파를 들을 수 없습니다. 우리가 들을 수 있는 음파는 16Hz~20kHz의 주파수 대역이라고 합니다. 듣지 못하고 보지 못하는 것을 '과학'이란 도구에 힘입어 발견하고 사용할 수 있듯이 사람은 '믿음'이란 도구로 하나님을 만나고, 그분의 은혜 안으로 들어갈 수 있습니다. 인간이 하나님을 창조(create)하거나 발명(invent)하는 게 아니라 믿음의 은혜로 그분을 발견(find)하는 것 뿐입니다. 원래부터 계셨고 지금도 이곳에 계신 그분을 믿음으로 인지하는 것입니다.

만약 당신이 "무턱대고 믿으라고? 아니야, 난 하나님이 보이면 믿겠어."라고 말한다면 그것은 마치 볼 수 없는 빛과 들을 수 없는 음파를 향해 "네가 먼저 내게 나타나 보여 주고 들려 주면 네 존재를 믿겠다."라고 억지를 부리는 거나 다름이 없습니다. 분명히 존재하지만 우리 한계로 찾지 못하는 것을 찾는 최선의 방법은 거기에 맞는 도구를 잘 찾아 사용해야 한다는 것입니다. 하나님은 영이시니 그분을 만나는데 필요한 우리의 신체부위(?)는 영일 것입니다. 그런데 '예수님을 영접하는 것' 외에는 그 어떤 다른 방법으로도 살아계신 하나님을 만날 수 없다고 성경에서 하나님이 직접 말씀하시니 저희가 어쩌겠습니까?

다른 이로써는 구원을 받을 수 없나니
천하 사람중에 구원을 받을만한 다른 이름을
우리에게 주신 일이 없음이라 하였더라.

(사도행전 4장 12절)

　우리는 어쩌면 하나님 앞에서 너무 갑 질을 하고 있는지도 모릅니다. '내가 당신을 믿도록 한번 해보시오.' '하나님이 내 마음을 사로잡으려면 비겁하게 숨어 있지 말고 당신 존재를 먼저 드러내 보이라.'고 요구하는 자세는 주님 앞에 다소 교만한 태도입니다. 만들어진 책상이 어찌 그를 만든 목수를 마음대로 오라 가라 할 수 있겠습니까? 인간이 신 앞에서 본연의 을(乙)로 겸손히 돌아가 믿음으로 복음을 받아들이는 게 먼저이고, 하나님 은혜로 그분과 깊이 사귀는 것이 그 다음입니다. 너무 도도하고 뻣뻣한 갑의(자기중심적인) 자세로는 예수님을 뵙기가 좀 어려울 수 있습니다.

그렇게 하니
고기를 잡은 것이 심히 많아
그물이 찢어지는지라
(누가복음 5장 6절)

오직 예수님만 함께 하신다면

지금 물고기가 몇 마리든

풍성한 어획이 예약돼 있습니다.

주님은 우리 삶에 풍요라는 이름의 신이 아니라

그분 자체가 저희 삶의 전부이고 수확입니다.

내가 주를
사랑하나이다

19 / 교회는 복을 비는 성도의 사당(祠堂)이 아닙니다

"목사님 설교가 좀 좋은 교회가 어딘가요?" 아무래도 목사님이 교회 선택에 가장 중요한 요소인 것 같습니다. 어떤 분은 기도의 권능, 병 잘 고치는 목사님을 찾기도 합니다. 또 어떤 분은 "좀 아는 사람 없고 조용히 예배만 보고 나올 교회를 찾는 중"이라고 말씀합니다. 교회 브랜드(?)나 예배당 인테리어도 교회 선택에 중요한 요소입니다. "교회에 갔다가 자칫 헌금 부담이라도 받으면 어쩌지?"라며 벌써 돈부터 걱정하는 분도 계십니다. 이런 생각은 당연합니다. 저 역시 교회를 그렇게 선택했습니다. 하지만 교회는 무슨 마트나 피트니스 클럽은 아닌 것 같습니다.

교회는 하나님께 예배를 드리는 곳이니 교회 선택에 있어서 가장 중요한 것은 '그 교회에 예배를 받으시는 하나님이 계시냐' 여부라고 생각합니다. 또 그 교회가 하나님의 영이 충만한 사람들로 가득 차 있느냐 하는 것입니다. 성령 충만한 교회는 분위기가 따스하고, 성도들끼리 서로 위하며, 예배가 뜨겁습니다. 예수님 영이 가득하니 그분을 닮아 이웃을 위해 좋은 일도 많이 하고, 그 열매 또한 풍성합니다.

우리가 교회에 가서 만나려는 분은 오직 예수님입니다. 만약 내 마음에 주님을 사모함과 그 열정만 가득하다면 나머지는 그저 맛을 살리는 조미료일 뿐입니다. 이상하게 들리실지 모르겠지만 성령님이 역사하시면 아무리 따분한 목사님 설교도 저한테만은 감동으로 작동합니다. 그 평이한 찬송이 감격이 되고, 아마추어 성가대의 어설픈 찬양에도 심장이 쿵쾅뛰고 감동의 눈물과 콧물이 나옵니다. 이것이 성령의 역사이고, 예배 중에 임하는 주님의 은혜입니다.

교회엔 십자가가 있습니다. 십자가는 액운을 피하는 부적이 아니라 하나님이 사람되어 이 땅에 오셔서 내 죄를 대신 갚아 주고 사신 은혜를 기억하는 상징입니다. 기독교인은 십자가에서 돌아가시고 사흘 만에 부활하신 예수님의 영이 임한 사람들이고, 교회는 그들의 공동체입니다. 예수님이 이 땅에 오심으로 건물이나 장소로서의 성전 의미는 사라졌습니다. 건물이 없어도 예수님을 진정 믿는 그리스도인들이 모여 있다면 그것은 교회지만 아무리 예배당이 멋져도 그런 그리스도인이 한 명도 없거나 하나님이 그곳에 아무 관심조차 없으시다면 그것은 그저 콘크리트 구조물일 뿐입니다.

> 만일 너희 속에 하나님의 영이 거하시면
> 너희가 육신에 있지 아니하고 영에 있나니
> 누구든지 그리스도의 영이 없으면 그리스도의 사람이 아니라.
> (로마서 8장 9절)

제 주변에는 여전히 기독교를 일주일에 한 번 하나님을 알현하는 종교, 마음의 평안을 추구하는 종교, 이웃을 사랑하라는 예수의 가르침을 따르는 종교, 삶의 무거운 짐들을 기도로 해결 받는 종교로 아는 분이 많습니다. 또 어떤 분은 매주 교회는 안 가지만 "나는 이미 사랑을 실천하는 종교심으로 살고 있다."라고 말합니다. 간혹 "교회에 너무 빠지면 생활의 균형이 깨질 수 있고, 시간과 돈도 털릴 수 있고, 가정도 소홀해질 수 있으니 주의하라."고 조언해 주는 분도 있습니다. 하지만 하나님의 뜻은 이런 것들과는 거리가 멉니다. 그분의 뜻은 오직 모든 사람이 당신 자녀가 되고, 영생을 얻는 것입니다.

> 내 아버지의 뜻은
> 아들을 보고 믿는 자마다 영생을 얻는 이것이니
> 마지막 날에 내가 이를 다시 살리리라 하시니라.
> (요한복음 6장 40절)

진정한 성도는 예수님의 가르침을 혼자 힘으로 독하게 따르려는 사람도 아니고, 교회에 가서 어떤 문제 해결에 골몰한 사람도 아니며, 찬송으로 스트레스를 풀고 설교로 교양을 높이는 사람도 아니며, 과거의 구원에만 머무는 사람도 아닙니다. 특히나 교회는 성도가 복을 비는 사당(祠堂)이 아닙니다. 참된 예수님 자녀는 주님 나라와 영광을 먼저 구하고, 오직 하나님을 경배하러 교회에 갑니다.

**내게 능력 주시는 자 안에서
내가 모든 것을 할 수 있느니라**
(빌립보서 4장 13절)

하나님 안에 거할 때 우리 능력은 놀랍게 점프업합니다.

하나님을 박차버리는 삶은

그 권능도 함께 차버리는 박복한 삶입니다.

그런 삶은 최고급 뷔페식당의 평생 무료티켓을 마다하고

일용할 끼니를 위해

매일같이 자갈밭을 가는 곤고한 삶입니다.

20 예배는 제가 주님께로부터 최고의 것을 채우고 돌아오는 시간입니다

어떤 분이 제게 말씀하셨습니다.

"신이 있다는 것은 나도 인정해요. 그런데 왜 꼭 교회에 가서 그분을 알현해야 하죠? 교회도 따지고 보면 사람들이 만든 조직 아닌가요?"

저도 예전에는 그냥 매주 가다 보니 가는 교회였지 정말 꼭 가고 싶어서 간 적은 그리 많지 않았던 것 같습니다. 하지만 마음의 변화를 겪은 뒤부터는 좀 달라졌습니다. 예배가 주는 기쁨을 맛보니 예배가 기다려지기 시작했습니다. 신기한 일입니다. 제가 예수님과 '상관이 있는 사람'이 되고 보니 그분께 예배드리는 것이 복되다는 것을 알게 되었습니다.

저는 제가 하나님을 경외하고 있다는 최고의 표시로 예배를 드립니다. 예배는 제 최고의 정성을 그분께 드리는 시간입니다. 물론 제게 최고의 것은 예수님이므로 그분이 안 계시다면 저의 예배는 성립될 수 없습니다. 하나님은 어디든 계시니까 제가 예수님을 의지해 집에서 예배를 드릴 수도 있습니다. 하지만 하나님의 자녀들이 합심하여 함께 예배를 드리면 하나님이 그것을 훨씬 기쁘게 받으실 것 같습니다. 부모님 생신 때 자녀들이 각자 자기 집에서 초를 밝히고 축하송을 부르기보다 온 가족이 함께 모여 진심으로 축하드리면 부모님이 더 기뻐하실 테니까요. 같은 영을 지닌 사람들이 함께 모여 하나님을 경배하면 이루 말할 수 없는 감동과 기쁨, 은혜가 파도처럼 밀려옵니다.

그러니 예배는 제가 하나님께 제 최고의 정성을 드리러 갔다가 오히려 제가 하나님께로부터 최고의 풍성한 것들을 받고 누리고 채우고 돌아오는 시간입니다.

성도는 교회공동체에서 주님을 영화롭게 하는데 필요한 지혜를 나누며 합심하여 기도합니다. 또 교회에 가면 전문가로부터 성경을 제대로 배울 수 있습니다. 성경은 곧 하나님이시므로 성경과 친해지면 그분과 더욱 깊이 사귈 수 있습니다.

더불어 교회는 그 머리 되신 하나님이 직접 일 하시는 곳이니 저도 그 한 귀퉁이에서 감히 그분의 일을 감당할 수 있을까 하는 마음에 교회에 갑니다. 우리는 교회 공동체를 통해 그분이 기뻐하시는 일을 우리 계정(account)이 아닌 예수의 이름으로 합니다. 내가 하면 한낱 의미 없는 수고지만 그분이 하시면 하늘의 열매입니다.

그러니 이 글을 읽으시는 분들도 한번 용기를 내셔서 지금 저와 함께 교회에 나가보시기를 간곡히 권합니다.

21 / 당신들 참 힘들기도 하겠소. 형체도 없는 분을 믿느라…

어떤 분이 제게 말씀하셨습니다. "당신들 참 힘들기도 하겠소. 형체도 없고 보이지도 않는 분을 믿느라…" 많은 분들이 하나님을 보이지 않는 분으로 여깁니다. 하지만 그리스도인들은 믿음으로 그분을 봅니다. 저희는 영적 스킨십으로 하나님의 온기를 느낍니다. 저는 하나님이 계시다는 증거를 굳이 우주의 섭리나 자연의 질서, 이스라엘의 역사 등에서 찾고 싶지 않습니다. 주변에 불치병 환자의 기적 같은 치유, 각종 기도의 절묘한 응답… 이런 것도 주님이 계시다는 증거겠지만 이보다 더 확실하고 흔한 증거는 바로 성도의 일상생활입니다.

예수님을 마음에 모시면 그분이 우리 안에서 일하심을 느낍니다. 전에는 아무 존재감 없었던 그분의 존재에 조금 놀라기도 합니다. 성경이 읽혀지고 기도가 터지고 삶 속에서 그분의 세밀한 터치를 느낍니다. 어떤 극적인 간증거리 위에만 주님이 계신 게 아니라 소소한 일상 중에 늘 함께 계심을 알게 됩니다. 주님은 항상 계시지만 특히 내 삶이 조금 지쳤을 때 그분이 좀 더 잘 보이는 까닭은 세상 즐거움에 빠져 살 때는 제가 그분을 볼 겨를이 없었기 때문입니다.

하나님의 나라는 말에 있지 아니하고 오직 능력에 있음이라.
(고린도전서 4장 20절)

성령과 길을 걸으면 주님의 권능(에너지)을 느낍니다. 사람마다 상황마다 정도의 차이만 있을 뿐 하나님 살아계심은 수많은 성도가 공통적으로 느끼는 분명한 사실입니다.

하나님이 추상적인 분이 아님을 저는 주변의 진실한 그리스도인들에게서 확인합니다. 참된 주의 자녀들은 정말 누가 봐도 '그리스도인답게' 삽니다. 식당을 해도 '착한 식당'을 하고, 택시를 몰아도 참 많이 다릅니다. 도저히 이해할 수 없을 정도로 친절하고, 바보 같을 정도로 정직합니다. 모든 일을 주께 하듯 하므로 멀리서도 구별됩니다. 살을 에는 시련 속에서도 주님께 찬송을 올립니다. 그것은 억지로 쥐어짜거나 고도의 수련 끝에 나오는 행동이 아닙니다. 남에게 보이기 위한 가식은 더더욱 아닙니다. 다만 성령 충만함으로 자연스럽게 드러나는 주님의 모습입니다. 제가 존경하는 심형구 장로님은 그분의 일상 모습만으로도 말이 필요 없이 전도가 되는 그런 분입니다.

그러니 진정한 그리스도인은 결코 말만 앞세우는 종교인이 아닙니다. 그들은 자기 능력으로 세상에서 돋보인다기 보다는 주님이 붙들어 사용하시므로 세상 속에서 더욱 구별되는 것 같습니다. 저도 제발 좀 그렇게 되고 싶습니다.

이같이 너희 빛이 사람 앞에 비치게 하여
그들로 너희 착한 행실을 보고
하늘에 계신 너희 아버지께 영광을 돌리게 하라.

(마태복음 5장 16절)

하나님이 추상적이지 않다는 진짜 증거는 바로 예수님의 죽음과 부활에 있습니다. 저도 하나님의 인간 사랑이 그냥 말로만 슬쩍 때운 사랑이 아니었음을 안 지 그리 오래되지 않았습니다. 그분의 인간 사랑은 구약 예언대로 예수님이 이 땅에 오심으로 확증되었습니다. 십자가 사건은 분명한 역사적 사건입니다. 신약성경에는 부활에 대한 직접적인 증거가 수차례 나옵니다. 그 중에서도 부활하신 예수님이 500명 넘는 사람에게 일시에 나타나심(고린도전서 15장 6절)은 부활의 확실한 증거입니다. 이후 달아났던 사도들과 수많은 성도가 부활하신 예수님의 영으로 180도 다른 변화를 입고 목숨을 걸고 주님을 증거한 것은 도저히 부정할 수 없는 예수님 부활의 증거이며 실체입니다.

우리가 아직 죄인 되었을 때에
그리스도께서 우리를 위하여 죽으심으로
하나님께서 우리에 대한 자기의 사랑을 확증하셨느니라.
(로마서 5장 8절)

 '믿음'은 텅 빈 제 마음 속 뭉게구름 같은 하나님의 허상(虛像)을 실상(實像)으로 또렷이 바꿔 주었습니다. 저는 예수님을 만난 지 몇 년 안됐지만 그래도 이 짧은 기간 중에 일상 속에서 부활하신 예수님이 저와 함께 계심을 너무 깊이, 너무 자주 깨닫고 살고 있습니다. 마냥 게으르고 지극히 평범한 저 또한 감히 예수님 부활의 산 증인 중의 한 사람입니다.

22 / 그건 정통 기독교 교리 맞나요?

 제 주변에는 똑똑하고 많이 배운 분들이 참 많습니다. 그런데 동시에 제 주변에는 예수가 억울한 누명을 쓰고 죽은 기독교 교주요, 선지자요, 실패한 종교 개혁자요, 4대성인 중 한 사람이라고 알고 계신 분 또한 참 많습니다. 어떤 분은 예수가 원래 사람이었지만 죽은 다음 신이 되었다고 말합니다. 저는 성경 어디에서도 아직 그런 구절을 보지 못했습니다. 사람들은 성경을 뒤로 한 채 제멋대로 예수님을 그립니다. 그분을 통하지 않고서는 우리가 진리로 나갈 수 없다고 성경에 수없이 적혀 있건만 그 말씀은 다 무시한 채 예수님을 다른 '용도'로 바꿔치기 합니다.

 한번은 대화 도중에 "예수님은 곧 하나님입니다"라고 제가 말하니까 놀라면서 "그래요? 그건 정통 기독교 교리 맞나요?"라며 놀라시더군요. 성경이 도처에 깔려 있는데 이것은 정말 놀랍고 신비한 일입니다.

그가 태초에 하나님과 함께 계셨고

(요한복음 1장 2절)

말씀이 육신되어 우리 가운데 거하심에

(요한복음 1장 14절 중에서)

저도 예수님이 하나님이란 사실을 아는데 무려 반백년이 걸렸습니다. 그 전에는 예수님이 태초부터 하나님과 함께 계셨다는 말씀이 이상하게 제 마음에 선명하게 와 닿지 않았습니다. 또한 그분이 부활해서 함께 계신다는 것도 분명히 한 귀로는 들어 알고 있었는데 이상하게 또 다른 한 귀로는 흘러나가 버렸습니다. 하나님이 육신이 되어 세상에 오시고, 또한 성령으로, 빛으로 '내게 오셨다'는 사실이 왜 예전에는 제 마음에 또렷한 초점을 맺지 못했는지 저는 그 이유를 잘 모르겠습니다. 성경을 보니 우리가 하나님을 아버지라 부를 수 있는 방법은 예수님 보혈을 의지하는 것 말고는 없다고 합니다.

예수께서 이르시되
내가 곧 길이요 진리요 생명이니
나로 말미암지 않고는 아버지께로 올 자가 없느니라.

(요한복음 14장 6절)

"예수를 믿는다라고 하면 구체적으로 예수의 어떤 사상(思想)을 따라야 하나요?"라고 물으신 분이 한 분 계셨습니다. 그래서 저는 "예수님은 철학자가 아니니 그분의 사상을 좇는 것만으로는 조금 부족합니다."라고 말씀드렸습니다. 예수님이 하나님의 유일한 아들이고, 인간의 몸으로 이 땅에 오셔서 죽으시고, 부활하심을 믿어야 진정 예수를 믿는 것입니다. 한마디로 예수님의 성경기록을 모두 액면 그대로 흡입하는 것을 말합니다. 그럼 성경을 샅샅이 다 읽어야 예수를 믿을 수 있냐고 물으실 수 있습니다. 물론 성경을 통독한 뒤에 비로소 예수를 믿은 분도 계실 겁니다. 하지만 대부분의 성도들은 성경을 단 한 줄도 읽지 않고 '날로' 하나님을 믿었습니다.

믿음은 머리의 인지가 아니라 가슴의 울림이며, 사상적 동조가 아니라 회개의 고백입니다.

저 같은 경우도 예수님 사상을 좋아해서 이렇게(?) 된 게 아니라 예수님이 '바로 나를 위해 죽으셨다.'는 말씀 때문에 이렇게 됐습니다. 나중에 알고 보니 그 안에 저를 향한 그분의 사랑, 제가 죄인인 것, 예수님 죽음이 바로 내 죄 때문이었다는 것, 제가 예수님 안에서 죽고 예수님과 함께 다시 살아났다는 것, 그래서 제가 새 생명을 얻었다는 복음이 모두 다 들어 있었습니다. 하나만 믿고 고백하니 그 다음은 제가 아무 수고도 안했는데도 성령께서 제가 그분 자녀 되었음을 확실히 알도록 도와주셨고, 이것저것 다 풀어 주셨습니다.

> 하나님께서는 당신에 대해 똑똑하고 다 아는 체하는
> 사람들에게는 숨기시고 평범한 사람들에게는 분명히
> 길(진리)을 알려주십니다.
>
> (마태복음 11장 25절 : 메시지성경에서)

23 / 저의 하나님은 '별에서 온 그대'가 아닙니다

하늘은 나의 보좌요 땅은 나의 발판이니 너희가 나를 위하여 무슨 집을 지으랴 내가 안식할 처소가 어디랴.

(이사야 66장 1절)

하나님은 우리 머리로 측량하고 제한된 언어로 표현하기에는 도무지 감당이 안되는 분입니다. 하지만 저도 하나님의 그런 속성을 무시한 채 지금 그분을 이러쿵저러쿵 설명하려 들고 있습니다. 저는 하나님을 상세히 묘사할 능력이 없습니다. 저는 사람이 절대자를 구체적으로 그려낼 수 있다면 그분은 '절대자'일 리 없다고 생각합니다. 우리 사고 안에 갇혀 있는 분이니까요. 우리가 믿는 절대자가 '최고'가 되려면 그 '절대' 위에는 아무것도 없어야 앞뒤가 맞습니다. 그 '절대'는 '미지의 세계'이므로 설명조차 어려워야 맞습니다. (쉽게 설명되고, 쉽게 이해된다면 그 신은 아마도 '가짜'일 것입니다)

우리가 죽은 다음 우리 영혼을 받아 주는 신이 있다면 그 신은 당연히 시공을 초월해야 마땅합니다. 수천 년 전부터 사람은 계속 죽어 왔으니까요. 그러니 그 신은 분명히 오래 전부터 살아 계셨어야만 합니다. 어떤 위인의 사상이나 철학, 정신이 책과 어록으로 후대에 전해지고는 있지만 그렇다고 그것이 인간과 교류하는 영적 생명체는 아닙니다. 하지만 하나님은 당신이 태초부터 살아 계신 영이고, 절대자임을 우리에게 일관되게 알려 주셨습니다. 예전에 "하나님이 대체 하늘 어디쯤 있냐?"고 물으신 분이 있었습니다. '별에서 온 그대'라는 TV드라마가 한창 방영될 때였습니다. 사람들은 그분을 너무 멀리서 찾으려 합니다.

저는 하나님이 우주 멀리서 저를 그저 물끄러미 바라만 보고 계신 분이 아님을 알았습니다. 하나님은 지금 저와 함께 숨 쉬고 계십니다. 또한 그분은 언젠가 때가 되면 제 곁을 떠날 분도 아닙니다. 어떤 때는 안 계신 것 같고 또 어떤 때는 아주 멀리 계신 것도 같았지만 그것은 단지 저의 기분 문제였을 뿐입니다. 지나보니 바로 옆에, 아니 제 안에, 항상 저와 함께 계셨음을 알 때에 저는 다만 그분께 머리를 숙일 뿐입니다.

주일학교에서 한번은 저희 반 아이가 "선생님 왜 기도 중에 우셨어요?"라고 물었습니다. "응… 그냥 하나님께 감사해서 울었어."라고 대답했습니다. 눈물은 그냥 그분께 대한 저의 감탄사였습니다. 물론 교회 가서 안 우셔도 됩니다. 중요한 것은 하나님이 저 우주 멀리서 나와 아무 관계없이 계신 게 아니라 바로 지금 나와 함께 계시다는 그 감사와 감격입니다. 만약 지금 그 믿음이 당신께 왔다면 그분은 절대로 당신을 떠나지 않으실 것입니다.

제가 아는 어떤 분은 성경을 열심히 읽고 불경과 코란까지 공부하셨습니다. 하지만 그분이 신구약 성경과 다른 종교의 경전들을 비교 연구하고 내린 결론은 "하나님은 없다."였습니다. 성경을 다 읽었지만 살아계신 하나님을 만나지 못한 것입니다. 성경을 열공하는 게 중요한 게 아니라 '구세주(구원자)를 찾는 겸손하고 정직한 마음'이 중요합니다. 아직 애인이 없는 분들은 이 지구상에 당신 애인이 없어서가 아니라 아직 임자를 발견하지 못한 것뿐입니다. 좀 더 진지하고 간절한 마음으로 애인을 찾아야 합니다.

믿음이란 자신에게 소중한 모든 것을 걸고 '예수 그리스도를 믿는 것'을 말한다. '예수님이 사기꾼이 아님'을 믿는 것이다. 기독교의 믿음이란 육신으로 오신 하나님, 그 예수 그리스도께 드리는 인격적이며 열정적인 헌신을 뜻한다.
(그리스도인의 정체성, 오스왈드 챔버스, 토기장이, p.93에서)

24 / 여보시오? 근데 안 믿어지는데 날더러 어쩌란 말이요?

그리스도가 우리를 위해 죽으신 것은 우리가 스스로를 구원할 수 없기 때문이다. 우리 스스로 할 수 있는 것이라면 주의 죽음은 쓸데없는 것이다.

(존 스토트의 '기독교의 기본진리'에서)

제게 이렇게 말하는 분들이 있더군요. "OK, 다 좋습니다. 당신 말하는 것도 어느 정도는 이해됐고 나를 전도하려는 의도도 다 알겠는데… 근데 말이야… 문제는 믿어져야 말이지… 믿어져야 그 다음 뭐라도 하지 않겠어요? 근데 난 도무지 믿어지지가 않아요.

솔직히 당신이 하는말이 죄다…"

"마음에 뭐가 와 닿지도 않는데 날더러 어쩌란 말이요? 그리고 당신도 지금 성경을 가지고 나를 설득하려 하고 있는데, 성경이 거짓이 아님을 어떻게 증명하죠? 후대 사람들이 이리저리 예수 말을 꿰맞춘 것일 수도 있고… 그러니까 예수가 가짜가 아니라 진짜(구원자)임을 어찌 알 수 있냐고요? 아, 제발 나를 더 이상 괴롭히지 말아 주세요. 나도 언젠가 당신처럼 하나님께 빠질 날이 있을지 모르죠. 하지만 지금은 아닙니다. 그만합시다."

이렇게 이야기는 다시 원점으로 돌아오고 맙니다. 뭐부터 처리해야 이 문제가 풀릴까요? '믿음'이 없으면 도무지 진도가 안 나가는 것을 절감합니다. "하나님 나라가 언제 옵니까?(=내가 어떻게 당신을 믿죠?)"라는 질문에 예수님께서는 이렇게 대답하셨습니다.

> 하나님의 나라는 볼 수 있게 임하는 것이 아니요 또 여기 있다 저기 있다고도 못하리니 하나님의 나라는 너희 안에 있느니라.
>
> (누가복음 17장 20~21절)

하나님이 '내 안'에 있다니… 교회 가서 어떤 굿을 했기에 그분이 내 안에 들어왔단 말인가? 무슨 '굿'을 해서 믿어진 게 아니라 믿으니 그 복음이 나의 'Good News'가 된 것입니다. 마음으로 받아들이고 입을 열어 그 믿음을 고백하니 주의 성령(하나님의 나라)이 내 안에 임하게 된 것입니다.

"여보시오? 안 믿어지는데 어쩌란 말이오?" 그럼 저는 "조금씩이라도 믿어 보십시다."라고 말씀드리고 싶습니다. 그냥 조금씩 믿으시면 됩니다. 당장 엄청난 회개와 결단을 안 하셔도 됩니다.

제 주변의 그리스도인 중에는 어떤 극적인 계기로 예수를 믿은 분도 있지만 그분께로 마음이 조금씩 열려가다가 결국 주님을 만난 분도 많습니다. 혹시 당신 마음이 지금 조금씩 열려가고 있지는 않나요? 만약 마음속에 뭔가 좀 덜 채워졌다는 느낌이 들더라도, 이미 채워진 그것만으로도 당신은 성령의 은혜 안에 들어와 계십니다. 이제 당신이 할 일은 당신 손 가까이에 있는 믿음의 스위치를 한번 살짝 터치하는 일뿐입니다. 그리고 스스로 다음과 같이 한번 물어 보십시오.

"내가 주님 말씀을 믿고 있나요? 어? 그러네요. 이상하게 내가 지금 요한복음 1장 12절 말씀과 요한복음 3장 16절(뒷표지 말씀)을 믿게 된 것 같아요! 예수님이 나의 주님이신 것을 내가 지금 믿고 있어요. 제가 정말 달라진 것 같아요!"

당신은 믿음으로 구원을 받았고, 하나님 자녀가 되셨습니다. 주님의 이름으로 축하드립니다. 이제 남은 것은 하나님 자녀로 성령님의 인도하심을 쫓아 이 땅에서 그분만 바라보면서 천국을 맛보며 사는 일뿐입니다.

영접하는 자 곧 그 이름을 믿는 자들에게는
하나님의 자녀가 되는 권세를 주셨으니

(요한복음 1장 12절)

25 / 그들은 젊은 나이에 잠시 미쳐서 객기를 부린 것일까요?

 만약 지구상에 성경이 없었다면 우리는 복음을 몰랐을 것입니다. 물론 사랑의 하나님은 다른 방법으로 인류에게 구원의 메시지를 주셨겠지만요. 성경은 사람이 하나님의 자녀 되는 길을 알려주는 은혜의 책이며, 천국 초대장입니다. 또한 성경은 이 광야에서 제가 붙들고 살아가야 할 하나님의 '신실한 언약'입니다. 성경은 비록 사람 손을 빌려서 지구 언어로 기술된 책이지만 진짜 저자는 하나님입니다. 하나님은 아무 판권 없이 이 책을 온 인류에게 공짜로 주셨습니다.

 어떤 종교든 경전이란 게 있지만 성경은 책(book)이 아니라 하나님 자신이라는 점에서 성격이 완전히 다릅니다. 성경은 단순히

종이와 잉크의 결합물이 아니라 하나님 곧 그분입니다. 그러니 성경은 읽는 사람의 때와 형편에 따라 다르게 역사합니다. 제가 변화된 다음에 성경을 조금씩 읽어보니 성경은 장엄한 경전이나 딱딱한 율법서, 혹은 자기계발서가 아니었습니다. 성경은 또 하나님이 얼마나 무시무시한 분인지를 경고하는 책도 아니었습니다. 제가 보는 성경책은 오직 예수님에 관한 책이었습니다.

> 너희가 성경에서 영생을 얻는 줄 생각하고
> 성경을 연구하거니와
> 이 성경이 곧 내게(예수그리스도) 대하여 증언하는 것이니라.
> (요한복음 5장 39절)

이스라엘의 전설같은 이야기로 도배되어 있는 구약과 예수님의 아리송한 말씀과 사도들의 이상한 열정의 편지들로 가득 차 있는 신약. 이 두껍고 따분한 책이 어떻게 3000여 개의 언어로 번역 돼 인류에게 가장 많이 읽힌 책이 되었을까요? 성경도 분명 베

스트셀러이자 스테디셀러가 된 이유가 있을 텐데요. 그것은 성경이 인간의 뿌리(하나님)와 본질(삶과 죽음), 영원한 미래(천국과 지옥, 하나님 나라)를 다루고 있는 진리이기 때문이 아닐까요? 저 같은 미련한 자에게 성경은 당연 어렵습니다. 하지만 성경은 우리 주님이 때마다 시마다 제게 들려주시는 살아있는 말씀입니다.

> 이 말씀이 또한 너희 믿는 자 가운데에서 역사하느니라.
> (데살로니가전서 2장 13절 중에서)

성경이 진리임을 '믿지 못하는' 분들께 저는 한편으로 묻습니다. "성경 내용이 모두 거짓이고 예수가 사기꾼임을 당신은 어떻게 입증할 수 있나요?" 지난 수천년간, 그리고 예수님이 이 땅에 오신 뒤 2000년간 복음이 허구임을 입증한 사람은 단 한명도 없습니다. 예수님 당시 허다한 증인들과 초대교회의 많은 성도들, 이후 성경을 진리로 믿은 수많은 사람들은 아무튼 이 복음을 한 치의 의심도 없이 받아들인 사람들입니다. 150년 전 그 머나먼 한

국 땅에 와서 복음을 전하고 순교하신 수많은 선교사들은 도대체 무엇 때문에 그리하신 건가요? 좀 이상하다는 생각이 들지 않나요? 무엇이 그들을 이 복음에 단단히 붙들어 매어 놓았을까요? 그들은 젊은 나이에 모두 미쳤고, 잠시 객기를 부렸던 것이었을까요? 무엇에 홀려 그들은 아무 연고도 없는 조선 땅에 목숨 바쳐 이 책을 전한 것일까요? 그리고 세계 곳곳에서 그런 일은 왜 계속 일어나고 있는 걸까요? 인류역사상 복음을 생명보다 더 중히 여긴 사람들이 무수히 많다는 것 자체가 '성경이 진리'임을 알리는 구체적 증거입니다.

> 이는 먹으로 쓴 것이 아니요 오직 살아계신 하나님의 영으로 쓴 것이며...
>
> (고린도후서 3장 3절중에서)

만약 성경이 인간의 머리로 쓰여진 책이라면 지난 수천 년 간 그 거짓과 모순이 어느 정도는 밝혀졌어야 합니다. 우리는 창세기부터 요한계시록까지 성경을 관통하는 단 하나의 주제가 오직 예수님이란 사실에 전율을 느낍니다. 성경은 시공을 뛰어넘어 예수님을 설명해 줍니다. 성경을 보면 하나님의 지고한 사랑과 그분이 인간에게 바라는 진심을 알 수 있습니다.

사실 저는 믿지 않는 분들도 성경이 정확히 무엇이고, '창조주가 대체 어떤 분'인지를 알아보는 것은 의미가 있다고 봅니다. 단 한 가지 주의할 점이 있습니다. 그것은 하나님을 경외하는 마음으로 또한 '자신을 낮추는 마음으로', 그분을 만나고 싶은 진실된 마음으로 성경을 읽어야 성경이 마음 밭에 와 닿는다는 사실입니다. 성경은 곧 주님이시고 주님은 영이신데 육안으로 성경을 읽으면 그저 활자를 보는 것이지 성경을 읽는 게 아니기 때문입니다. 성령이 주시는 그 빛과 은혜로 성경이 반드시 당신 책이 되기를 예수님의 이름으로 기도합니다.

누가 우리를 그리스도의 사랑에서 끊으리요
(로마서 8장 35절)
볼지어다 내가 세상 끝날까지
너희와 항상 함께 있으리라 하시니라
(마태복음 28장 20절)

얼떨결에 하나님 자녀가 되고 보니
제가 누리는 특권은 예상보다 좀 컸습니다.
세상 어떤 것도 나와 주님의 관계를 끊을 수 없음은
그 분이 끝까지 나와 함께 계시기 때문입니다.
'어쩌다 주님 자녀된 특권'은
'언제나 주님이 나를 지켜주심'의 은혜인 듯합니다.
그 사랑에 대한 저의 정직한 반응은
'때를 얻든지 못 얻든지 예수님을 전하는 일'임에 틀림 없습니다.

26 / 예수 믿고 복 받으실래요?

 내가 죄인이라니 무슨 뚱딴지같은 말? 아담이 내 죄와 뭔 상관? 하나님이 완전하시다면 왜 아담이 선악과를 따 먹도록 내버려 두셨나? 왜 복잡하게 예수를 통해 구원하시나? 하나님이 계시다면 세상이 이토록 엉망일 리 있겠나? 기독교인이 된다고 완전히 깨끗해지는 것도 아닌데 뭔 가식적인 거룩? 얼마나 정결한 사람이 되려고 팔자에도 없는 교회를? 복을 빌려고 나는 이미 다른데 다니고 있다. 나는 원래 종교같은 것에는 의미를 두지 않는 스타일이다. 신을 믿을 시간이 있으면 자신에게 투자하는게 훨 낫다. 나는 신이 주는 복 따위에는 원래 관심이 없다. 나는 세상에서 오직 나만 믿을 뿐이다.

내가 주를
사랑하나이다

혹시 지금 위와 같은 생각을 하고 계신가요? 저는 여기에 일일이 답할 신학적 지식이 없습니다. 다만 저는 예수를 믿고 무조건 "일단 그분이 옳다."는 데서 출발하게 되었습니다. 사람에게 자유 의지를 주신 것도 옳고, 마지막 한 사람이라도 더 주님께 돌아오도록 세상을 아직 심판하지 않으시는 것도 옳다고 생각합니다. 제가 감히 '하나님이 옳다, 그르다.'를 판정하는 게 아니라 그냥 '그분은 무조건 옳다.'는 데서 제 생각의 영점을 잡고 있음을 말씀 드리는 겁니다.

성경은 하나님이 졸고 계시거나 무능력한 분이 아님을 알려 줍니다. 예수님이 잡히시고 십자가에 달리시고 죽으신 것은 엄밀히 말하자면 잡혀 주시고 달려 주시고 죽어 주신 것입니다. 더 큰 구속사역을 위해 하나님은 가슴을 찢으시며 그렇게 하셨습니다. 우리는 하나님의 영원한 시간표와 거룩한 작업일지(Workflow)를 좀 더 존중힐 필요가 있습니다.

저는 이것저것 꼼꼼히 따져 보다가 고민 끝에 그리스도인이 된 것이 아니고 '천국이나 복'을 갈구한 나머지 예수를 믿게 된 것도 아닙니다. 제 경우 믿음이 오니 아담의 죄와 저의 죄가 일직선으로 잇대어졌습니다. 예수님을 뵙고 나니 이 무지렁이에게도 예수님의 거룩이 보이기 시작했습니다. 그리고 예수님 자체가 그저 저의 전부이자 복임을 알게 되어 그분을 경배하게 됐습니다.

여호와를 경외하며 그의 길을 걷는 자마다 복이 있도다.
(시편 128장 1절)
겸손과 여호와를 경외함의 보상은 재물과 영광과 생명이니라.
(잠언 22장 4절)

예수님이 말씀하신 복과 세상 복은 좀 거리가 있는 듯합니다. 물론 성경은 무조건 우리가 가난하고 고통스럽게 살다가 덧없이 죽으라고 말하지 않습니다. 성경에서 복은 오직 '예수님'입니다. 하나님이 내 염려를 다 풀어주시고 내 뒤치다꺼리를 다 해주셔야만 복이라면 저는 주인이고 하나님은 제 삶의 도우미일 뿐입니다. '그분이 함께하는 것', 그것으로 복은 쿨(cool)하게 끝납니다. 그분은 곧 세상 전부이시니까. 그 다음 그분이 나를 어떻게 다루시든 사실은 상관이 없습니다. 그분은 완전하시니까. 어려운 일이지만 제가 만약 그분의 온전한 개입을 받아들이고 순복한다면 제 삶은 가장 '복된 삶'이 될 것입니다. 그 복의 근원은 예수님입니다. 왜냐하면 그분이 저를 하나님 자녀로 만드셨고, 그분이 이 세상 동행하시고, 제가 죽은 다음 그분과 영원히 함께 살 것이기 때문입니다. 그리고 그분은 완전하시니까.

저는 예수를 믿고 시간이 지나면서 오직 그분만 의지해 살겠다는 저의 결단과 서약이 제 힘만으로는 잘 지켜질 수 없음을 알게 됐습니다. 오직 성령이 이끄시고 도우실 때 비로소 저는 가망이 있고 그분의 은혜 앞에 바로 설 뿐입니다. 성령님은 제가 이미 예수님과 함께 십자가에 못 박혀 죽어 제가 붙들고 바라볼 분은 오직 당신뿐임을 일깨워 주는 은혜의 동반자입니다. 그 성령님이,

바로 그 예수님이 제게는 바로 진짜 복입니다.

> 내가 그리스도와 함께 십자가에 못 박혔나니
> 그런즉 이제는 내가 사는 것이 아니요
> 오직 내 안에 그리스도께서 사시는 것이라
> 이제 내가 육체 가운데 사는 것은
> 나를 사랑하사 나를 위하여 자기 자신을 버리신 하나님의 아들을 믿는 믿음 안에서 사는 것이라.
>
> (갈라디아서 2장 20절)

내 삶의 좌표를 늘 그분께 맞춰 갈 수만 있다면, 즉 주님의 항법 장치가 제 몸에 심어져 있다면, 저는 세상에서 길을 잃지 않고 방황하지도 않을 것입니다. 또한, 제 심장은 분명 그분의 맥박과 함께 뛸 것입니다. 주일학교에서 아이들에게 이런 이야기를 해 줬더니 똑똑한 준교가 "아 하비게이션(하나님+네비게이션)이네요"라고 말했습니다. "그렇구나 하비게이션 맞네!" 하나님은 저를 원격

조정하고, 저를 자율주행차로 삼기 원하지 않으십니다. 하나님은 제 삶을 통제하고 간섭해서 제 의지와는 무관한 엉뚱한 삶을 살도록 닦달하실 분이 아닙니다. 다만 그분은 제가 매사를 제 의지로 선택하고 결정하되 주님에 대한 순종의 마음이 동함으로써 결과적으로 그분의 뜻과 일치된 '복 된' 삶을 살아가도록 친절히 도우시는 것 같습니다. 성령 하나님은 자녀의 형편을 다 아시기에 함께 웃고 울어 주시고, 심지어 친히 기도까지 해 주십니다. 이것이 그분이 주시려는 '참 복'입니다.

그런 하나님께 제가 효도하고 싶은 마음이 드는 것은 당연합니다. 물론 저는 하나님께 효자일 리 없습니다. 제가 그분께 효자여서가 아니라 그냥 자녀이기에 그분은 제게 '그냥 복 주시기' 원하십니다. 그분은 제 삶에 에너지를 공급해 주시고 그래서 저는 하나님의 자녀 됨을 자랑합니다. 오늘도 주님이 제게 복된 말씀을 하고 계십니다.

I am your Energy, your energy is Mine

그리고 저는 고백합니다. I am Yours!

27 / 당신 뜻대로 마시옵고
내 뜻대로 하옵소서

너희가 내 안에 거하고 내 말이 너희 안에 거하면 무엇이든지 원하는 대로 구하라 그리하면 이루리라.

(요한복음 15장 7절)

위 말씀은 저도 주님의 복 좀 받으려고 즐겨 외우는 말씀입니다.

저는 하나님께 건강과 안전, 돈과 명예, 자녀의 행복을 달라고 종종 생떼를 쓰기도 하고 때로는 주님과 흥정하려 듭니다. 어떤 때는 하나님 자비를 구하고 어려움을 피하게 해 달라고 조릅니다. 하지만 제 기도가 단지 제 알량한 육신을 위한 거라면 아마도 하나님은 좀 서운해 하실 것 같습니다.

참된 성도는 아무 자격없는 자를 자녀 삼아 주시고, 이후에도 계속 미숙한 아이같은 자신을 수백 번 수천 번이라도 용서해 주시는 그 은혜에 감사해 기도합니다.

하나님은 제게 유익이 되지 않는 간구는 외면하실 수도 있습니다. 하지만 주님은 결과적으로 제게 더 크고 더 좋은 것으로 응답해 주실 것을 저는 잘 압니다. 제 기도는 제가 하나님과 소통할 때 잘 응답 받을 것입니다. 기도는 제가 짠 인생 목표를 이루는데 그분이 잠시 돕고 가시도록 하는 도구가 아니라 거룩한 주님과 맞닿는 곳이며 그 뜻을 여쭙는 순종의 통로인 것 같습니다. 기도는 제 안에 오신 성령님과 소통하는 무전이며, 그분과 사귀는 따스한 사랑방인 듯 합니다.

제가 만약 "하나님, 제발 당신 뜻대로 마시고 내 뜻대로 하옵소서."라고 기도하면 하나님이 참 기도 차지 않으실 것입니다. 제가 하나님 위에 있고, 제 뜻대로 하는 게 제게 훨씬 유익이라는 뜻이니까요. 그것은 "하나님, 제 유익을 방해하지 말고 제발 좀 가만히

계셔 달라."는 기도 입니다. 어쩌면 저는 무심코 그런 기도를 하고 있는지도 모릅니다. 그렇다고 솔직히 저는 "오 하나님, 저는 주님 한분으로 족하오니 제가 가진 것을 모두 가져가도 좋습니다."라고 기도할 용기는 없습니다. 다만 제가 하고 싶은 기도는 "하나님, 제 간사한 입술이 아니라 제 가슴 깊은 곳에서 주님을 높이며 살도록 저를 좀 도와주세요." 라는 간구입니다.

예수님은 십자가에 달리시기 전에 고난의 잔을 피할 수만 있으면 피하게 해 달라고 기도하셨습니다. 하지만 결국 다음과 같이 기도하셨습니다. 저도 그분을 위해 수치와 고난의 십자가를 기꺼이 질 수 있을지 두렵습니다. 예수님의 이 기도를 본받기를 간절히 기도합니다.

그러나 내 원대로 마시옵고
아버지의 원대로 되기를 원하나이다.

(누가복음 22장 42절 중에서)

내가 주를
사랑하나이다

28 / 저는 눈을 감으면 칭얼대고 눈을 뜨면 그것을 즐기느라 바쁩니다.

저는 말로는 절대 아니라고 하지만 하늘의 것보다 땅의 것을 더 생각합니다. 저는 실제로 주님보다 사람들 이목과 칭찬에 더 신경을 씁니다. 저는 복음이 자랑스럽다고 말하면서도 그 복음을 전하는데 여전히 멋쩍어합니다. 저는 이웃을 사랑한다고 하면서 이웃의 것을 종종 탐냅니다. 저는 우상을 숭배하지 않는다고 하면서 돈을 꽤 사랑합니다. 저는 마음속으로 은근히 주님 주실 선물에 눈독을 들이고 삽니다. 주님은 제게 먹을 것과 입을 것을 많이 주십니다. 하지만 아직도 제게는 필요한 게 너무 많습니다. 저는 요즘도 눈을 감으면 뭐든지 더 좋은 걸 달라고 칭얼대고, 눈을 뜨면 그것을 즐기느라 좀 바쁩니다.

저는 일단 주님 자녀가 되었으니 이제는 세상을 좀 더 부요하고 편하게 사는데 관심이 많습니다. 어쩌면 저는 주님 자녀로 살아가되 고생은 좀 멀리하고 좋은 것을 적절히 누리는 예수님의 평안하고 럭셔리한 자녀로 살아가기를 소원하고 있는지도 모릅니다.

한편 저는 무심코 제 마음속에 바람직한 하나님 상(象)을 만들어 놓고 하나님이 거기서 조금만 벗어나셔도 그분을 '바람직하지 않은 분'으로 판정하고 있지는 않은지 두렵습니다.

아무튼 저는 제 수고로 하나님을 믿게 된 것이 아님을 알기에 동시에 제 힘으로 저의 옛 사람과 싸워 이길 힘이 없음도 잘 압니다. 제가 예수님과 함께 죄에 대해 죽고 하나님에 대해 살았다는 그 놀라운 사실에 다시 한번 감사하는 순간, 저는 하나님 외에 세상에서 자랑할 것이 아무것도 없음을 다시 한 번 자랑하게 됩니다. 마음 속 온갖 부끄러움을 주님께 고백하고 뉘우칠 때에 저는 제가 누구인지 보다 선명하게 깨닫습니다. 유혹에 너무 솔깃한 제 힘만으로는 도저히 주님 앞에 착한 사람이 될 수 없음에 땅을 칠

때 저는 주님 옷자락을 부여잡습니다. 그때 하나님은 저를 감싸십니다.

"괜찮다. 내가 너를 또 용서하마. 나는 너를 떠나지 않을 것이다."

하나님. 제가 분수를 모르고 하나님께 더 큰 복을 구하지 않도록 저를 도우소서. 입술로만 하나님을 존경하지 않게 하시고, 미사여구로만 주님을 찬미하지 않게 하소서. 하나님 주시는 선물에만 눈독을 드리고 칭얼대지 않게 하시고, 오직 예수님 이름만 높이며 살게 해 주옵소서. 주님! 저는 상태가 좀 안 좋은 인간입니다. 그러니 형편에 따라 선택적으로 하나님을 바라보지 않도록 제 모가지를 당신 쪽으로 좀 단단히 붙들어 매 주옵소서.

29 / 하나님이 계시다면
어찌 세상이 이 지경인가요?

　모든 사람이 하나님을 진심으로 경외한다면 세상은 곧 천국이 될 것입니다. 지구상의 모든 이가 성령으로 충만하다면 세상은 곧 낙원이 될 것입니다. 세상을 그렇게 만드는 데 필요한 복음은 사실 세상 모두에게 열려 있지만 안타깝게도 그 복음은 아직 모두의 것이 아닙니다. 저도 하나님이 왜 인간에게 복음을 강제적으로 심어 주지 않고 세상을 선하게 통치하지 않으시는지 그저 답답하기만 합니다.

　사람들은 '하나님이 사랑이시고 빛이라면 어째서 세상에 이렇게 슬픈 일과 고통과 모순이 가득하냐?'라고 묻습니다. 하지만 성경 어디에도 세상이 고통이나 전쟁이나 기근이나 지진이나 질병으로부터 완전히 자유로울 것이라고 쓰여 있지는 않습니다. 오히려 성경은 주님 오실 날이 가까워질수록 이런 것들이 더 심해질 것이라 말합니다. 성경은 '세상이 아무 슬픔 근심없는 낙원 같을 것'이라고 말하지 않습니다. 진정한 낙원은 하나님 나라인데 사람이 하나님 안에 거하지 않고 하나님을 대적하고 있으니 세상이 일그러져 있는 것은 당연합니다.

세상이 이처럼 악령으로 충만한 까닭은 인류가 공의와 사랑의 하나님을 떠나 제 멋대로 살고 있기 때문입니다. 진흙이 토기장이에게 대들고 그분께 악악대고 살고 있기 때문입니다. 만들어진 이가 만든이와 맞짱을 뜨고 있으니 세상은 무질서할 수밖에 없습니다. 또한 주님의 빛과 사랑을 드러내야 할 저희 같은 주의 자녀들이 그렇게 살고 있지 못하기 때문입니다. 빛과 사랑이신 하나님 안에 거하고 순종하는 것만이 저와 저의 가족이 살 길이고, 동시에 대한민국과 온 인류가 망하지 않는 길입니다.

하나님이 우리를 사랑하시는 사랑을
우리가 알고 믿었노니 하나님은 사랑이시라.
사랑 안에 거하는 자는 하나님 안에 거하고
하나님도 그의 안에 거하시느니라.

(요한일서 4장 16절)

30 / 저는 결혼 후 20년이 넘어서야 가정의 원리를 깨우쳤습니다

하나님을 경외하였으므로
하나님이 그들의 집안을 흥왕하게 하신지라.

(출애굽기 1장 21절)

가정의 진짜 형통은 그 집 주인이 예수님일 때만 가능하다는 것을 저는 결혼 후 자그마치 20년이 지나서야 깨우쳤습니다. 하나님만 바라보는 가정은 감사가 선순환되는 집안입니다. 감사가 감사를 낳는 가정과 욕심이 욕심을 낳는 가정, 가정의 운행 방식이 완전 다릅니다. 성령으로 충만한 가정은 주님을 닮아 화목과 사랑과 인내와 배려가 넘칩니다. 하지만 그분이 없는 가정은 분쟁과 화냄과 질투와 탐욕이 가득합니다. 가족끼리 전혀 모르는 남보다 더 막 대하고, 뿔뿔이 흩어져 삽니다.

지금도 그렇지만 예전에 저는 아내에게 F학점의 남편이었습니다. '왜 저 여자는 나를 이해해 주지 못할까?'라고 자주 툴툴댔습니다. 그러면서 정작 저는 집안 대소사를 아내와 상의하지 않았고, 술 마시고 새벽에 들어가면서 허구한 날 아무 연락도 않고 아내 속을 태웠습니다. 예전의 저를 돌아보면 저는 아내가 그저 제 도우미 역할을 해 주기를 바랐던 것 같습니다. 저는 왕이고 아내는 그저 종이었던 셈 입니다. 그때 저는 아내를 섬기기보다 대접받으려 했던 것 같습니다. 제가 이기심의 굴레 안에 살다 보니 주변의 것, 심지어 소중한 가족마저 제 삶의 도구로 전락해 있었던 것입니다.(부모와 자식 간의 관계도 자칫 비슷하게 변질될 수 있습니다)

지금 가정에 문제가 있다면 모든 것을 다 내려놓고 무조건 하나님 앞에 무릎 꿇고 원점에서 다시 시작해야 합니다.

하나님. 제 가족을 사랑하지 못한 죄를 뉘우칩니다. 아내와 자녀들을 제 삶의 수단으로 삼고, 특히 아내에게 잘못한 모든 것을 회개합니다. 하나님. 제 아내이기 전에 주님의 소중한 딸 은주, 제 아들이기 이전에 하나님의 소중한 아들 재호, 제 딸이기 이전에 예수님의 소중한 자녀 희원이가 주의 복된 자녀로, 이 세상에서 주님 영광만을 위해 살기를 기도합니다.

이들을 이 땅에 보내신 목적대로 주님이 온전하게 사용하여 주시되 여호와를 진심으로 경외하는 삶이 얼마나 형통한지를 온 세상에 떠들어 자랑케 해 주소서. 이들의 삶을 통해 주님 이름이 높아지고 복음이 전파되게 하옵소서. 이제부터 저희 가족이 서로 주님 대하듯 하게 해 주옵소서. 제가 먼저 머슴이 되게 해 주옵소서. 저희 집 왕의 왕 되시고 가장 되시는 존귀하신 예수님의 이름으로 기도합니다. 아멘

31 / 예수님과의 편안한 대화, 친밀한 동행, 사귐, 누림, 감사…

저희 장모님은 얼마 전 하나님의 부르심을 받았습니다. 장모님은 지병 때문에 그간 집과 병원을 수차례 오가시다가 그날은 응급실에 실려 오신지 12시간 만에 소천하셨습니다. 메르스가 한창 난리를 쳤던 때라 대학병원은 매우 어수선했습니다. 하지만 중환자실에 마련된 독방에서 저희 가족은 조용히 찬송을 부를 수 있었고, 장모님은 그 찬송을 들으시며 주무시듯 하늘나라로 가셨습니다.

딸 다섯을 낳아 모두 훌륭하게 잘 키우신 장모님. 시부모님 모시고 일하시랴 살림하시랴 고생만 하다 돌아가신 장모님을 생각하면 지금도 사위 입장에서 후회가 많이 됩니다. 늘 씩씩하고 부지런하셨던 장모님, 잘 웃으시고 소녀처럼 쾌활하시고 순박하셨던 장모님. 그 좋으신 장모님이 노년에 치매로 사람을 잘 알아보지도 못하고 엉뚱한 말씀에 어떤 때는 아무 이유 없이 역정도 내셨습니다. 하지만 일평생 섬김과 기도로 살아오신 어른은 치매 중에도 중얼거리며 기도하셨습니다. "아버지… 이런 건 용서하시고, 이런 것을 도와주시구… 이렇게 되게 해 주시고…" 장모님 기도는 어떤 기도였을까요? 평소 하나님과 얼마나 친밀하게 지내셨으면 그냥 친구에게 말하듯 하신 장모님의 기도가 가슴에 와 닿습니다.

장모님의 그 기도는 20여 년 전 처할아버지(장모님의 시아버지)의 기도를 생각나게 합니다. 처할아버지는 100세 가까이 사시다가 편안하게 돌아가셨습니다. 신혼 초 가끔 처가에 가면 처할아버지는 제 손을 두툼한 당신 손으로 꼭 감싸시고 투박한 평안도 사투리로 "사내 손이 일케 짝아 어떡하누? 자… 기도 하자우."라며 간절히 기도해 주셨습니다. 귀가 어두우신 까닭에 평소에도 두런두런 기도하시던 그 모습이 선합니다. 예수님과의 편안한 대화,

친밀한 동행, 사귐, 누림, 감사… 처할아버지의 그 신앙이 바로 지금 제가 바라보는 그런 믿음이 아닌가 이제야 조금 깨닫습니다.

그때는 제가 주님 보는 눈이 없어 그 기도가 제게는 그저 어르신의 웅얼거리는 '소리'로만 들렸습니다. 하지만 지금 할아버님이 살아계셔서 제게 기도를 해 주신다면 그 기도는 분명 제 마음속 깊은 곳을 찡하게 저미는 은혜의 기도였을 것입니다. 지금 생각해 보니 할아버지와 장인, 장모님의 중보가 아마도 응답되어 제가 예수님을 만나고, 또 지금 이런 전도편지까지 쓰고 있지 않나 생각됩니다. 어쩌다 처가라고 가면 술상은커녕 오직 찬송과 예배로 시작해 그렇게 끝나는 너무 이상한 처갓집… 그 이상한 처갓집이 이제는 너무나 감사하고 그 가정예배가 기다려집니다.

너의 행사를 여호와께 맡기라
그리하면 네가 경영하는 것이 이루어지리라

(잠언 16장 3절)

우리가 아무 노력도 안하고

여호와를 의지한다면

그것은 우리를 이 땅에 보내신

그분의 거룩한 뜻을 모독하는 것입니다.

순종은

우리가 받은 재능으로

그분을 위해 장사를 잘 해서

몇 배로 불려 그 분께 돌려드리는

부지런하고 충성된 삶을 말합니다.

32 / 어디에 빨대를 꽂고 살 것인가?

여호와를 경외하는 것이 지혜의 근본이요
거룩하신 자를 아는 것이 명철이니라.

(잠언 9장 10절)

예수님은 "나를 섬기면 내 아버지께서 그를 귀히 여기시리라" 고 약속하셨습니다.(요한복음 12장 26절) 예수님을 섬기고 살면 우리 삶은 그분의 약속대로 평생 형통(successful)할 것입니다. 아브라함이 완벽하게 똑똑해서 최고의 영화를 누린 게 아닙니다. 요셉이 자기 꾀로 일부러 노예로 팔려가 이국땅에서 총리가 된 것이 아니고, 다윗이 용의주도한 자기계획이 척척 맞아 떨어져 이스라엘 왕이 된 것이 아닙니다. 다니엘이 최고 관리에 오른 것은 주님의 인도하심이셨으며 모세가 위대한 지도자가 된 것도 하나님 계획과 사용하심의 결과였습니다.

성경은 한 인생의 성공 드라마가 그가 진심으로 하나님만 바라보고 사느냐, 아니면 세상을 높이며 사느냐 그 차이에 달려 있음을 알려 줍니다. 성취욕 자체가 잘못된 게 아니라 주님이 우리 인생을 사용하고 이끄시냐, 아니면 그분 없이 자기 꾀로 아등바등사느냐 그 차이가 핵심입니다.

예수님 없이 고아로 살면 우리 삶은 황량한 사막과도 같습니다. 세상에 쫓겨 바삐 살다가 종착역이 지옥이라니 참으로 어처구니없는 삶입니다. 이것은 저주가 아닙니다. 저는 다음의 차이를 강조합니다. 우리의 남은 삶이 눈 딱 감고, '나는 죽었다. 하나님만 높인다.'라고 고백하는 현명한 삶이 되기를 소망해봅니다.

1. 인생은 원하는 것을 얻기 위해 진짜 열심히 도전할 때 살맛이 납니다. 하지만 세상이 주는 복만 좇으면 그것을 채우면 채울수록, 누리면 누릴수록 목말라진다는 진리를 말하려

는 것입니다. (나이 60정도 되면 이 말에 공감합니다. 물론 청년들은 쉽게 공감하지 않을 것도 잘 압니다. 모든 것을 다 이루고 지혜의 끝판 왕이었던 솔로몬이 말년에 '인생은 결국 하나님을 바라보는 것 외에 모든 게 헛되고 헛되도다.'라고 고백했습니다)

→ 하나님을 바라본다고 해서 세상의 복을 모두 저버리는 게 아닙니다. 주님을 높이면 세상적으로도 행복할 확률이 매우 높습니다. 하지만 영이 무너진 삶에서 나오는 독소는 자신을 상하게 합니다. 세상에서 천국의 삶을 맛보며 축복도 누리며 살겠습니까, 아니면 평생 목마른 삶을 살다가 멸망으로 가겠습니까?

2. 자기가 주인인 삶은 평생 염려를 차곡차곡 쌓는 삶입니다. 나이가 들수록 걱정은 반드시 비례해 늘어갑니다. 그 염려들은 진정 내 삶의 자유를 빼앗고, 나를 유혹의 덫에 옭아매며, 범죄하게 만들고, 삶의 좌표를 빼앗아 나를 떠돌게 합

니다.

→ 하나님을 주인으로 모시는 삶은 출발부터가 자유입니다. 하나님의 양은 세상 맹수들(유혹, 분노, 염려, 질투, 탐욕, 미움)로부터 언제, 어디서나 보호를 받기 때문입니다. 하나님 울타리 밖에 살면 온갖 사악한 것들의 먹잇감이 되거나 평생 상처투성이로 살아갑니다.

3. 자신의 힘으로 사는 삶은 하늘의 은혜를 박차 버리는 삶입니다. 하늘에 빨대만 꽂으면 하나님 능력이 한없이 흘러 내려 오는데 그것을 저버리는 삶입니다.

→ 하나님과 동행하면 엄청난 에너지, 능력, 만남의 축복을 받습니다. 물론 다 공짜입니다. 진짜 하나님을 경외하고 그분을 섬기며 살면 주님은 그에게 더 좋은 것들을 부어 주십니다. 청춘 때 하나님을 바라보는 자는 엄청난 하늘 은사를 받을 시간과 기회가 그만큼 많습니다. 역사 속 수많은 위대한 그리스도인들이 주의 능력으로 존경 받는

멋진 삶을 살았습니다. 저처럼 다소 늦게 주님과 연합된 자는 안타깝게도 그 은혜와 복을 누릴 시간이 그만큼 짧습니다.

**여호와가 너를 항상 인도하여
메마른 곳에서도 네 영혼을 만족하게 하며
네 뼈를 견고하게 하리니
너는 물 댄 동산 같겠고
물이 끊어지지 아니하는 샘 같을 것이라**

(이사야 58장 11절)

주님을 경외하는 삶은 신비하게도 해피엔딩입니다.

여호와의 선언적인 축복은

나의 행실에 대한 보상이 아니라

그분이 베푸시는 은혜이며 행하시는 역사입니다.

33 / 인생, 해피엔딩이냐 새드엔딩이냐?

인생 하수(下手)는 세상 욕심에 쫓겨 살다가 결국 평생 그것을 채우지 못한채 불만으로 삶을 마감하고, 인생 고수(高手)는 하나님을 높이며 살다가 결국 감사로 삶을 채웁니다.

재물, 명예, 직업, 집… 이런 것들은 사는데 필요한 것들이고, 땀의 결실이자 감사의 제목들입니다. 하지만 이런 것들은 또한 근심의 재료가 되기도 합니다. 눈에 보이는 것은 삶의 내용들이지 그 자체가 복의 근원은 아닙니다. 예금통장의 숫자와 남들이 부러워하는 직장이 내게 흔들림 없는 행복을 줄 리 없습니다. 가족, 배우자, 자녀도 나의 소중한 가치지만 평생 섬겨야 할 대상이지 행복의 도구는 아닙니다. 우리 자녀들이 원하는 직업을 갖고 좋은 배우자를 만나 온 가족 건강하고 풍요롭게 잘사는 것을 부모 된 입장에서 어찌 간절히 바라지 않겠습니까? 제가 지금 자녀들에게 당부하는 것은 세상의 복을 몽땅 버리고 도를 닦으며 살라는 게 아닙니다. 저의 간절한 바람은 '오직 주님만 바라보는 삶'입니다. 이것이 진짜 인생 고수의 삶이라는 것입니다.

제가 좀 못나서 그렇긴 하지만 인생 한 50여년 살아 보니 내 계획과 내 꾀로 무언가를 도모해 그리 잘된 것이 많지는 않았습니다. 직장생활 30년, 결혼생활 25년! 정말 사는 게 별 거 아니었습니다. 세상 속 행복은 스트레스의 원인이 됐고, 방종으로 이어지기도 했습니다. 세상 속 기쁨은 남들과의 비교에서 오는 천박한 빈곤을 낳았습니다. 아기자기한 일상사가 모두 소용없다는 뜻이 아닙니다. 우리의 매일은 삶의 가치를 만드는 소중한 재료들이고, 그것이 연결되어 복된 삶이 채워집니다. 그래서 저도 부모된 입장에서 자녀들이 저보다 더 많은 복을 누리며 잘 살아가기를 기도하고 바라는 것 맞습니다.

하지만 저는 언제부터인가 모든 복의 근원이 하나님께 있음을 알면서 통이 좀 커졌습니다. 주님만 허락하신다면 세상 어떤 부나 명예도 다 누릴 수 있음을 뒤늦게 안 순간 저는 정신이 번쩍 들었습니다. 만약 하나님이 좀 일찌감치 그 깨달음을 주셨더라면 저는 지금보다 훨씬 큰(?) 사람이 되어 있었을 것입니다. 그 중요한 젊은 시절, 저는 하나님을 모르고 쩨쩨하게 겨우 먹고사는 염려에만 갇혀 살아 왔습니다. 그리고 너무 여러 곳을 기웃거리며 살았습니다.

빛의 자녀들이여! 하나님 안에서 통 큰 행복을 추구하며 살렵니까, 좀생이 같이 세상 욕심과 염려에 갇혀 살렵니까? 모든 것을 주님께 맡기고 마음을 다해 그분을 위해 살면 어떤 복이 주어질지 도저히 그 끝조차 가늠할 수 없을 정도로 인생 스케일이 커질텐데 말입니다. 이것은 주님 앞에서 갖는 우리의 '발칙하고 속보이는 기대'가 아니라 '복의 근원을 붙잡고 사는 자에게 주어지는 하늘의 상급'입니다.

물론 성경속 하나님을 붙들고 산 인물들 중에 삶이 순탄치 않았던 사람도 있습니다. 하지만 이들의 인생 대주제는 결국엔 행복이었다는 것입니다. 반대로 하나님을 대적하고 성령을 속이고 세상을 숭배하며 살았던 사람들의 말로(末路)는 하나같이 새드엔딩의 비극이었습니다. 우리가 허탄한 새드엔딩을 위해 매일같이 엉뚱한 땀을 쏟고 있다면 그것은 너무나 억울한 일이 아니겠습니까?

잠깐 돈 얘기 좀 할게요. 돈은 유용한 도구이므로 정말 열심히 일해 많이 벌고, 또 잘 관리해야 합니다. 하지만 돈은 우리를 온갖 염려로 몰아넣고 교묘하게 하나님을 향한 우리 마음에 어두운 장막을 칩니다. 하나님 뜻을 좇아 사는 사람은 그분이 기뻐하는 곳에 자기 삶을 헌신하고 재물을 사용하므로 많은 것을 가졌어도 불안하지 않는 삶을 누립니다. 하늘 아버지가 주신 것을 그분 영광을 위해 사용하고 있기 때문입니다. 그런 사람에게 돈은 그저 하나님이 자기에게 잠시 맡긴 물건에 불과합니다. 돈이 아무리 많아도 그는 돈으로부터 완전 자유롭습니다. 어차피 자기 게 아니기 때문입니다. 그런 올바른 청지기에게 하나님은 더 큰돈을 맡기십니다. 이것이 역사의 위대한 그리스도인 부자들의 공통점입니다.

> 돈을 사랑함이 일만 악의 뿌리가 되나니
> 이것을 탐내는 자들은 미혹을 받아
> 믿음에서 떠나 많은 근심으로써 자기를 찔렀도다.
> (디모데전서 6장 10절)

결국 내가 갖고 있는 유일한 자랑이 여호와뿐이라면 그깟 작은 복들은 그저 어린아이 장난감과도 같다는 생각이 듭니다. 놀라운 것은 하나님은 바로 이런 생각을 지닌(하나님 앞에 충성되고 세상 앞에 대범한) 사람을 크게 쓰신다는 것입니다. 그런 믿음의 종에게 하나님은 더 큰 일을 맡기십니다. 하나님은 통이 크시므로 축복을 주실 만하면 무섭게 쏟아부어 주십니다. 소꿉장난하듯 하실 분이 아닙니다. 이것이 신비한 축복의 비밀입니다. 특히 우리 자녀와 청년들은 지금 젊고 무한한 가능성이 있으니 하나님께 다음과 같이 간절히 구해야 합니다. 우리 주님이 반드시 들어주실 것입니다.

  하나님, 저는 하나님 백성이고 제 주인은 하나님이십니다. 지금 제가 움켜쥐고 있는 능력이 중요한 게 아니라 하나님이 '저와 함께 계심'이 중요함을 잘 압니다. 주님께서 저를 붙들어 사용해 주시면 그것이 제 능력의 전부입니다. 앞으로 저를 저 되게 하실 분은 오직 주님이시오니 주님께만 집중하며 주님께 저를 내어드려 살게 도와주소서. 저는 평생 주님 이름만 높이는데 제 삶을 온전히 내어드리고 싶습니다. 이런 마음이 잊혀지고 또 간사하게 바뀐다는 것도 저는 잘 압니다. 저는 충분히 그럴 만한 연약한 자입니다. 그러니 제 능력의 주인이신 주님이 저를 떠나지 마옵소서. 저를 키우시고 다듬으셔서 당신 계획과 필요에 따라 사용해 주옵소서. 저의 영원한 주님이신 예수님의 이름으로 기도합니다. 아멘

**사람이 마음으로 자기의 길을 계획할지라도
그의 걸음을 인도하시는 이는 여호와시니라**

(잠언 16장 9절)

인생 좀 살아 본 이는 하나같이

자기 삶이 누군가에 의해 이끌렸다고 말합니다.

삶의 여러 굵직한 여정 가운데

처음부터 내가 용의주도하게 계획한 것은 없습니다.

설혹 내가 결정한 일이라도

하필이면 그때 그럴 만한 환경과 이유가 있어서 그리 된 것입니다.

감상적 운명론이 아니라 우리가 원래 그런 존재라는 것입니다.

나를 만드신 이가 나를 인도합니다.

인도(引導)는 통제나 강압이 아니라

내가 기도하며 나아갈 때 그 길이 선하고 형통하도록 도우시는

그 분의 은혜를 뜻합니다.

내가 주를
사랑하나이다

34 / 삶이 지치고 힘들 때
그리고 외로울 때

　정도의 차이는 있겠지만 살면서 어찌 어려움이 하나도 없겠습니까? 주변에 간혹 가족이 중병에 걸리거나 갑자기 죽거나 사업에 실패하거나 송사에 휘말리거나 사기를 당해 집안이 쫄딱 망하는 경우를 봅니다. 해도 해도 정말 너무한 불행이나 참담한 시련이 세상 도처에 깔려 있고, 그런 일이 주변에서 누군가에게 매일같이 일어납니다. 특히 법 없이도 살 만한 착한 이웃이 그런 고통을 겪을 때면 우리는 다가가 도저히 위로의 말조차 건넬 용기가 나지 않습니다.

　만약 그런 기막힌 상황이 찾아온다면 어떻게 해야 하나요? 하나님이 전혀 계시지 않게 느껴지거나 혹은 잔인한 하나님, 야속한 하나님, 내 기도만 피하시는 하나님으로 느껴질 때 그런 상황에서도 우리는 주님의 선하심과 능력을 믿고 사랑의 하나님을 의지하며 혼자서 모든 슬픔을 삭여야만 하나요?

송병주 목사님의 '오후 5시에 온 사람'이란 책(규장, 2014, 143~148페이지)을 보니까 저자는 이렇게 말합니다. '우리를 위해 십자가 길을 걸으신 예수님은 우리의 모든 고통과 절망을 다 알고 계신다. 그래서 우리가 고통스러울 때 침묵하시는 게 아니라 바로 우리 곁에서 이를 악물고 함께 고통의 신음을 나누고 계신다.'라고요. '또한 하나님은 더 큰 일을 위해 지금 침묵하시며 가장 사랑하고 믿을만한 자녀에게 그 고통의 십자가를 맡기신다.'고요.

성경을 보니 주님만 바라 본 다윗은 고통과 질고의 도상에서 하나님과 가슴의 언어로 대화하며 원망과 절규 대신 그분께 감사와 찬양을 올립니다. 어떻게 해서 그는 살이 찢길 듯한 고난 중에 찬미의 시를 쓰고, 자신보다 더 괴로워하는 사랑의 하나님을 발견

할 수 있었을까요? 차라리 죽는 게 더 낫다고 할 만큼 깊은 눈물의 계곡에서 '이김의 축복'을 경험했다고 말하는 사람들을 보면 솔직히 저는 그분들이 온전히 이해되지는 않습니다. 하지만 주변에 십자가의 고통에 순종한 사람들은 모두 그 길이 주님의 뜻과 영광을 위한 '더 큰 거름과 걸음'이었음을 머리가 아닌 눈물과 가슴으로 깨달았다고 말합니다. 그리고 그들은 진심으로 하늘의 위로를 받았습니다. 주님은 그 영혼을 쓰다듬으시고, 새로운 평안과 이김의 장으로 그들을 이끄셨습니다. 그것은 착각 속 신념이 아니라 성령의 위로에서 나온 신비한 은혜였습니다.

하나님을 경외하는 사람은 폭풍우 속에서 함께 비를 맞아 주시는 주님을 봅니다. 세상사가 꼬여도 그는 성공의 시기만 다소 늦춰졌을 뿐 결국 주님 안에서 더 큰 복의 길로 가고 있음을 압니다. 반면, 세상에 빠져 사는 인생은 좌절하고 상대를 탓하고 부부싸움을 하고 분노를 참지 못합니다. 그런 삶은 설혹 원하는 것을 이룬다 해도 갈증과 불안에 더 사로잡히고, 만약 의도한 것에서 조금만 삐끗하면 화를 참지 못합니다. 전자는 주님을 높이는 삶이고, 후자는 자신을 높이는 삶입니다. 전자는 많은 위인들이 그랬듯이 때를 기다릴 줄 아는 고수의 삶이고, 후자는 모든 소인배들이 그랬듯이 때를 이기지 못하는 하수의 삶입니다. 전자는 하나님과 이웃과 자신으로부터 외롭지 않은 삶이고, 후자는 하나님과 이웃은 물론 자신으로부터도 고독한 삶입니다. 만약 혹시라도 세상을 살면서 어려움을 만나면 저는 하나님께 이렇게 기도하려고 합니다.

하나님... 제가 처한 이 어려움을 하나님은 다 알고 계시며, 함께 염려하고 계심을 압니다. 저는 지금 이 캄캄한 현실 속에서 하나님 은총을 구합니다. 제가 처한 이 상황이 너무 기가 막히고 도무지 해결 방안이 보이지 않지만 저는 오직 주님만을 바라봅니다. 이 어려움을 이길 지혜와 힘과 용기를 주옵소서. 고난 중에 하나님의 은혜와 사랑을 보게 하시고, 이웃을 원망하지 않게 하시며, 하나님과 하나 됨의 기쁨을 맛보게 하옵소서. 이 일로 인해 오직 주님 영광만 드러나게 해 주옵소서. 그리고 이 어려움이 잠잠해질 때에 '내가 주님만 바라봤더니 주께서 위로하시고 평강 주시고 십자가 사랑을 가르쳐 주셨다'라고 세상 사람들에게 널리 간증하게 해 주옵소서. 제 고난에 신음하시고 눈물로 바라보시는 예수님의 이름으로 기도합니다. 아멘.

이 글을 읽으시는 모든 분들, 귀한 청년들, 그리고 우리 자녀들... 인생 언제 어느 국면에서나 오직 하나님만 경외하고 그분만을 의지해, 그분을 기쁘시게 하는 삶을 살아가기를 예수님의 이름으로 축원하고 기도합니다.

**주께서 인생으로 고생하게 하시며 근심하게 하심은
본심이 아니시로다**

(예레미야애가 3장 33절)

**수고하고 무거운 짐 진 자들아 다 내게로 오라
내가 너희를 쉬게 하리라**

(마태복음 11장 28절)

살면서 아무 수고도 없고 짐도 없는 사람은 아마 없을 겁니다.

하지만 예수님의 빛은 우리 수고를 녹이고

그 사랑은 무거운 짐에서 우리를 자유케 합니다.

예수님 보혈 외에 세상 어떤 다른 꼼수로도

우리는 그 수고와 짐을 피해 참된 평안을 누릴 수 없습니다.

저는 너무 돌고 돌아 이 진리를 깨달았습니다.

이 책을 읽으시는 분들은

예수님 만나는데 저처럼 너무 지각하지 않으시기를

예수님의 이름으로 간절히 기도합니다.

35 / 부부, 정말 행복하게 사는 비법

저는 이 글의 마지막을 '가정문제'로 맺으려 합니다. 솔직히 저는 가정의 행복론을 논할 자격이 눈곱만큼도 없습니다. 그간 가족에게 뭘 잘해 주고 도리를 다해 산 게 아니기 때문입니다. 하지만 제가 이런 말을 할 수 있는 유일한 자격이라면 하나님이 가정이라는 것을 어떻게 운행하시는지 그 원리를 제대로 깨달은 것, 오직 이것밖에는 없습니다.

하나님이 우리에게 가정을 주신 이유는 가정을 통해서 영광받기 위함이라고 생각합니다. 하나님은 아담의 갈비뼈로 아내 하와를 만드셨습니다. 부부가 원래 한 몸, 하나라는 뜻입니다. 하지만 아담 부부가 범죄 한 다음 부부의 신뢰관계는 깨졌습니다. 선악과를 따먹은 범죄의 핑계를 서로 둘러대느라 바빴고, 집안은 콩가루가 되고 말았습니다. 모든 부부는 서로 싸우고, 언제라도 남보다 못한 관계로 추락할 위험을 안고 삽니다. 이렇게 타락한 부부는 원래 설계된 대로 그들이 오직 하나님 안에 있을 때만이 다시 행복과 조화를 이룰 수 있습니다. 부부 중 한 명만 하나님 안에 있다든지 둘 다 하나님 밖에 있다면 그 부부는 죽을 때까지 불완전한 상태로 살아가는 셈입니다.

물론 부부가 교회를 안 나간다고 만날 싸우고, 교회만 다니면 무조건 화목하게 지낸다는 뜻은 아닙니다. 다만 그 가정이 예수님을 섬기느냐 아니면 부부가 세상과 물질을 섬기고 사느냐, 그 차이를 말하려는 겁니다. 부부가 하나님을 경외하고 산다고 해도 실제 부부에게는 다툴 일과 서운한 일이 참 많습니다. 우리 옛사람이 그저 그렇게 못났기 때문입니다. 그러나 성령이 함께하는 가정은 결국 이 모든 것을 녹입니다. 성령은 사랑과 화합의 영이시기 때문입니다. 진정 하나님을 경외하는 가정은 초기의 에덴동산과 같을 것입니다.

또 중요한 것은 예수님이 없는 가정은 그 집이 비록 겉으로는 잘산다 해도 주님 보시기에는 속 빈 강정(가정)이라는 것입니다. 그 가정을 통해서 하나님이 역사하지도 않으시고, 그 가정으로 인해 하나님이 기뻐하지도 않습니다. 하나님이 부부와 자녀를 축복하지도 않고, 성령 하나님이 친히 기도해 주지도 않습니다. 그저 세상 속에서 때깔만 좋을 뿐 영적으로는 죽어 있는 가정입니다.

반면에 하나님이 주인인 가정에는 집안에 전기가 들어오듯 방마다 하나님의 에너지, 즉 권능이 흐릅니다. 자녀에게 주님이 축복이 흘러 내려갑니다. 시간이 지나 연기처럼 사라지는 가문이 아니라 생명책에 기록되는 가문입니다. 기독교 집안과 비기독교 집안이 몇 대째 내려가면서 얼마나 큰 축복의 차이를 보이는지를 비교한 국내외 한 통계도 봤습니다.

앞서도 말했지만 가족이 자기 욕심의 도구로 서로를 대하면 그 가정은 반드시 엉망이 됩니다. 반면에 서로를 섬기는 그리스도인 부부는 설혹 갈등이 있어도 결국 서로를 감싸 따뜻이 녹입니다.

상대의 단점이 아무리 커도 그것은 자기의 기도 제목일 뿐입니다. 이것은 주례사가 아니라 저의 진실한 간증입니다.

> 남편들아 아내 사랑하기를
> 그리스도께서 교회를 사랑하시고
> 그 교회를 위하여 자신을 주심같이 하라.
>
> (에베소서 5장 25절)

문제는 이런 것을 다 알면서도 우리 의지만으로는 실제 그렇게 살기가 녹록지 않다는 데 있습니다. 단지 예수님이 함께 계심으로 우리는 그 사랑이 흉내 내어지고, 그분의 품성이 드러날 뿐입니다. 그래서 부부는 성령 안에 거해야 하고, 반드시 그분이 가정 안에 거하셔야만 합니다. 배우자를 위해 진심으로 기도하는 부부는 절대 이혼하지 않습니다. 서로를 통제하고 대접받기 보다는 배우자가 하나님 축복을 하나라도 더 받기를 갈급하는 부부이므로 진짜 질과 급(class)이 다른 부부입니다.

하나님! 종의 자녀들이 진실한 믿음의 배우자를 만나게 해 주옵소서. 하나님을 경외하는 믿음의 장인 장모와 믿음의 시부모를 만나게 해 주옵소서. 종의 자녀들이 하나님 가정의 진리를 붙들고 살게 해 주옵소서. 그래서 그 가정이 참 평안하고, 부부가 하나님 사랑 안에 거하게 해 주옵소서. 부부가 자기 욕심을 채우는 도구로 상대를 막 대하지 않게 하시고, 종의 자세로 서로를 섬기며 기도하는 부부 되게 하옵소서. 이들의 집을 통해 주님 영광이 세상에 퍼지고 부부가 이웃에 선한 영향을 미치도록 그 가정을 붙들어 사용해 주시고, 친히 다스려 주소서. 우리 가정의 영원한 왕 되시는 예수님의 이름으로 간절히 기도드립니다. 아멘.

이 책을 읽고
함께 은혜를 나누고 싶은 분이나 교회를 나가시기로 결심한 분,
예수님에 대해 좀 더 말씀을 나누고 싶은 분은
다음 주소로 연락 주시면 감사하겠습니다.

김한진 eco7080@naver.com